广西壮族自治区"十四五"首批职业教育规划教材
职业教育"十四五"规划教材
财会专业课证岗一体化教材·校企合作系列

财务机器人应用

主编 张祺 张雪琼

图书在版编目(CIP)数据

财务机器人应用 / 张祺，张雪琼主编. --上海：立信会计出版社，2025.5. -- ISBN 978-7-5429-7913-1

Ⅰ. F275；TP242.3

中国国家版本馆CIP数据核字第2025A222T3号

策划编辑	余 榕
责任编辑	孙 勇
助理编辑	战小雨
美术编辑	北京任燕飞工作室

财务机器人应用
CAIWU JIQIREN YINGYONG

出版发行	立信会计出版社
地　　址	上海市中山西路2230号　　邮政编码　200235
电　　话	(021)64411389　　传　真　(021)64411325
网　　址	www.lixinaph.com　　电子邮箱　lixinaph2019@126.com
网上书店	http://lixin.jd.com　　http://lxkjcbs.tmall.com
经　　销	各地新华书店
印　　刷	常熟市人民印刷有限公司
开　　本	787毫米×1092毫米　　1/16
印　　张	13.5
字　　数	296千字
版　　次	2025年5月第1版
印　　次	2025年5月第1次
书　　号	ISBN 978-7-5429-7913-1/F
定　　价	46.00元

如有印订差错，请与本社联系调换

职业教育"十四五"规划教材
财会专业课证岗一体化教材·校企合作系列
编委会名单

主　　　任　　张红梅　广西金融职业技术学院(广西银行学校)教授

参编行业专家　（排名不分先后）

　　　　　　　　谢计生　厦门科云信息科技有限公司　董事长
　　　　　　　　农初勤　广西南宁海翔会计师事务所　所长
　　　　　　　　　　　　高级会计师
　　　　　　　　蒋海娟　广西安驰财务管理有限责任公司　董事长

主要编写人员　（排名不分先后）

　　　　　　　　张　祺　陈　园　吴　瑶　苏　梅　李思静
　　　　　　　　李　燕　陈苗苗　周平欢　蒙环宁　玉秋兰
　　　　　　　　马靖杰　刘　喆　陈　添　陈素萍　蒙丽容

总 序

随着"互联网+"的快速发展,教育信息化"十三五"规划提出了职业教育信息化建设的目标任务和重点措施,在线教育、数字化教学已经成为传统教育行业转型的重要方向。开发适应"互联网+"教育的教材,以教育信息化全面推动教育现代化,促进教育公平,提升教育质量,为培养现代化建设所需要的高素质人才提供保障,已成为当前教材建设和改革的重中之重。

广西金融职业技术学院(广西银行学校)作为广西唯一的专门培养财经人才的全日制高等职业教育学校,享有"广西金融人才培养的摇篮"之美誉,其会计专业实力雄厚,有一支业务水平高、教学能力强、专兼结合、双师型的优秀教学团队。近年来,学校在大力推进教育教学改革的基础上,在专业建设方面取得明显成效,毕业生就业率达到95%以上,毕业生双证率(毕业证+相关资格证书)达到99%以上,地域品牌效应显著,已经成为广西职业院校中会计专业学生规模最大的学校。近年来,学校专任教师依据教学改革成果,结合职业教育人才培养目标和大数据与会计专业群特点,与用友、新道、中联、百望、浙江衡信、厦门网中网等龙头企业开展校企合作,带动兄弟学校,在会计专业理事分会的指导下,联合行业、企业专家,推出一套基于"互联网+"教育教学改革理念的课证岗融合的高质量的职业教育"十四五"规划教材。

本套教材由校企共同研发,着重体现课证岗融合和产学合作的特点:

(1) 从职业岗位能力培养出发,注重学生职业能力的养成。职业能力培养是职业院校的人才培养目标,会计职业能力培养围绕学生的职业道德素养养成和职业技能训练来开展。本套教材从会计职业能力入手,每个模块把"基础知识""岗位技能""职业素养"等教学内容有机结合,按任务和活动设置职业能力目标,引导学生有效学习。

(2) 关注学生职业资格证书考试的需求,立体化特色鲜明。当前,会计从业资格证书已经被取消,学生在校能够考取的会计职业资格证书为初级会计师资格证书,本套教材注重对初级会计师资格证书考试相关知识的规划和整合,文字通俗易懂,配备知识点归纳、比较、总结的图表,以及大量形象化的案例和典型考点等内容,让学生边思边学,边做边学。对于重要事项和考点列有"温馨提示"和"特别提醒"等内容,并配备二维码链接,将教材学习和实训、测试、互动等辅助教学资源紧密结合,实现资源立体化,为教师和学生提供全面的教学支持。

(3) 注重学生可持续发展和继续教育的需求。本套教材在突出培养学生动手能力的同时,充分考虑职业院校学生的职业发展需求和综合能力培养;在融入会计专业理论知识的同时兼顾学生继续教育和终身学习的要求,丰富教学资源的内容及其呈现途径,引导学生持续性学习。

(4) 校企合作。为了更好地融合课证岗的知识内容,本套教材由我校与厦门科云信息科技有限公司共同组织专业老师编写,融合了学校专任老师丰富的教学经验及厦门科云信息科技有限公司老师丰富题库资源和证书考试指导经验。校企共同确定教材大纲和编写内容,既满足教师对学生职业能力培养的需要,又满足了学生证书考试的需求。

本套教材根据我国现行的企业会计准则体系和最新的税收政策法规编写,不论是课程标准开发,还是项目载体的设计、教学方法的改革和创新,都凝结了编写队伍在会计示范特色专业及实训基地建设中的心血和多年的教学经验。本套教材的出版,将会为财会专业职业教育教材建设的不断发展提供新的助力。

张红梅

前　言

职业教育在当今社会中扮演着至关重要的角色,是现代国民教育体系的重要组成部分。在我国实施科教兴国战略和人才强国战略的过程中,职业教育具有特殊的重要地位。它致力于培养学生实际应用方面的技能和知识,以满足各行各业的需求。随着科技的进步和职业需求的变化,职业教育也需要与时俱进,不断更新和完善教学方法以及配套的实训教材。

本教材基于工作过程,以商业企业经营过程中典型的业务处理为主线,通过对业务进行建模,介绍如何利用财务机器人对业务进行账务处理。本教材突出对工作流程、业务操作要点和学生实践能力的培养,力求做到简明、易懂、严谨、规范。

本教材的主要特色如下:

(1) 编写思路新颖。本教材基于财务机器人业务场景的开发和应用进行编写,内容涵盖了智能财税账务处理的基本原理和基本方法,以业务建模形式介绍如何应用财务机器人,阐述如何用智能方式处理采购、销售、往来、税费等业务。教材以厦门科云智慧财务云平台为依托,操作流程包括票据分类、场景分类、场景设置以及会计凭证生成等,全面展示了财务机器人在账务处理中的应用。学生学习本教材也可为后期学习"基于RPA财务机器人的程序开发与应用"课程奠定基础。

(2)"岗课赛证融通"。本教材不仅适用于广西职业院校技能大赛中职组会计项目"会计技能"赛项的备赛,而且能满足"1+X"财务机器人应用职业技能等级证书的培训需要,在培养学生独立开展智能财税账务处理工作能力、提高学生分析问题和解决问题能力的同时,推动实现"岗课赛证融通"。

(3)德育与专业教育相结合。本教材将理论与实际相结合,将思政元素融于课堂教学中,在培养学生专业实践能力的同时,将立德树人、职业道德风险和正确的财务观融入其中,力求实现德育和专业教育并重,体现新时代职业教育的特色。

本教材是由一线授课教师联合行业龙头企业打造的校企合作教材。广西金融职业技术学院(广西银行学校)会计学院院长张祺和广西金融职业技术学院张雪琼担任本教材主编,共同设计教材脉络和大纲,并总纂定稿。厦门科云信息科技有限公司董事长谢计生和广西银行学校吴雨婧、韦昕晨、李雪玉担任本教材副主编。各模块的编写分工如下:模块1由谢计生编写,模块2至模块3由张祺编写,模块4由韦昕晨编写,模块5由吴雨婧编写,模块6至模块8、模块10由张雪琼编写,模块9由李雪玉编写。

本教材既适用于中等职业学校、高等职业学校财经商贸类专业学生学习,也可作为在职会计人员的职业岗位培训教材,还可作为备考"1+X"职业技能等级证书人员的自学用书。

在本教材的编写过程中,编者不仅参阅了大量相关专家和学者的专著和教材,而且深入不同企业进行了大量调研学习,从中获得了宝贵的启发和借鉴;同时,编者得到了厦门科云信息科技有限公司提供的智慧财务云平台的技术支持和帮助,在此向他们表示诚挚的谢意！

  在本教材的编写过程中，每一位编者都尽了最大的努力。然而，由于时间和水平的限制，本教材可能存在不当之处。编者诚挚期待同行专家、教师、学生和广大读者在使用过程中提出宝贵意见，以便对教材进行及时修订和完善。谢谢！

2025 年 3 月

编者

目　　录

模块 1　认知智慧财务发展背景 ……………………………………………… 001
　　任务 1.1　了解会计核算自动化机器人诞生背景 ………………………… 001
　　任务 1.2　熟悉会计核算自动化 …………………………………………… 003

模块 2　认知智慧财务岗位及其岗位职责 …………………………………… 005
　　任务 2.1　票据会计岗位工作任务 ………………………………………… 006
　　任务 2.2　业务会计岗位工作任务 ………………………………………… 016
　　任务 2.3　审核会计岗位工作任务 ………………………………………… 024
　　任务 2.4　财务主管岗位工作任务 ………………………………………… 027

模块 3　采购业务建模——案例实操 ………………………………………… 030
　　任务 3.1　采购材料业务建模 ……………………………………………… 031
　　任务 3.2　采购入库业务建模 ……………………………………………… 040

模块 4　销售业务建模——案例实操 ………………………………………… 048
　　任务 4.1　销售商品业务建模 ……………………………………………… 049

模块 5　往来业务建模——案例实操 ………………………………………… 059
　　任务 5.1　支付货款业务建模 ……………………………………………… 060
　　任务 5.2　支付员工工资业务建模 ………………………………………… 067
　　任务 5.3　缴纳税费、社保及工会经费业务建模 ………………………… 071
　　任务 5.4　员工申请出差借款业务建模 …………………………………… 077
　　任务 5.5　支付报销款及员工出差借款业务建模 ………………………… 082
　　任务 5.6　支付房租费、水电费业务建模 ………………………………… 088
　　任务 5.7　支付银行手续费业务建模 ……………………………………… 092
　　任务 5.8　收到货款业务建模 ……………………………………………… 097

模块 6　费用业务建模——案例实操 ······ 105
任务 6.1　报销办公费业务建模 ······ 106
任务 6.2　报销差旅费业务建模 ······ 116
任务 6.3　待摊费用业务建模 ······ 127

模块 7　生产业务建模——案例实操 ······ 136
任务 7.1　生产领料业务建模 ······ 137

模块 8　费用归集建模——案例实操 ······ 143
任务 8.1　固定资产折旧归集建模 ······ 144
任务 8.2　当期费用归集建模 ······ 146
任务 8.3　跨期费用归集建模 ······ 150

模块 9　Excel 数据建模——案例实操 ······ 154
任务 9.1　计提工资业务建模 ······ 155
任务 9.2　工资结算业务建模 ······ 162
任务 9.3　结转工会经费业务建模 ······ 165
任务 9.4　计提坏账准备业务建模 ······ 170
任务 9.5　计提增值税业务建模 ······ 174
任务 9.6　计提附加税费业务建模 ······ 178
任务 9.7　计提企业所得税业务建模 ······ 182

模块 10　成本核算建模——案例实操 ······ 189
任务 10.1　制造费用归集与分配业务建模 ······ 190
任务 10.2　产品成本核算业务建模 ······ 194
任务 10.3　销售出库核算业务建模 ······ 198

模块 1 认知智慧财务发展背景

知识目标

理解大数据、人工智能等新技术的基本概念、应用场景及其在财务领域的应用；理解OCR识别的基本概念与应用场景

能力目标

了解财务机器人的技术及其对财务工作的意义；了解财务人员及财务机器人在财务工作中的各自定位

思政目标

认识到财务机器人是科技进步的产物，能够具备一定的创新意识和实践能力；认识到在使用财务机器人时，应遵循职业道德和法律法规，确保财务信息的真实性和准确性

知识点思维导图

模块1 认知智慧财务发展背景
- 任务1.1 了解会计核算自动化机器人诞生背景
- 任务1.2 熟悉会计核算自动化

任务 1.1 了解会计核算自动化机器人诞生背景

活动1.1.1 科学技术的飞速发展与会计核算实现自动化

随着移动互联网、大数据技术和人工智能的快速发展，以智能手机为典型代表的智能

设备正迅速融入人们的日常生活。智能手机已成为人们不可缺少的随身工具。同样,智能机器人也越来越多地出现在企业的生产制造和日常工作中。在财税产业中,人工智能的应用正在改变财会工作的方式。例如,通过互联网实现会计工作的众包,会计人员足不出户就能够办理银行业务和税务事项;企业与客商可通过线上平台进行协同对账;会计人员利用 OCR 技术自动识别纸质单据等。新技术的落地已经使越来越多的会计工作从原来的单一手工化方式转化成无人自动化方式。这些改变既减少了大量的重复性人工作业,提高了会计人员工作效率,又加快了会计信息交换的速度,实现了会计作业流程的标准化、规范化。

活动 1.1.2 会计工作的本质决定会计工作走向自动化的方式

会计是人们通过数据来掌握经济活动情况的一种技术方法。会计工作的本质是人们对与经济活动相关数据的收集和整理。人们对会计的需求,实质上是对经济信息的需求,会计是人们在经济活动中衡量经济价值与成本的基础。因此,会计是信息工作的一个分支。同时,会计计量经济价值的职能决定了会计核算工作必须遵循高度统一的规则。在这种高度规则化的数据信息处理工作上,计算机软件等自动化工具比人工操作效果要好得多。

活动 1.1.3 人们对信息的需求和企业竞争的加剧决定了会计工作需要自动化

从移动互联网和人工智能的飞速发展可以看出,人们对信息及时性的渴求日益增强。对于会计信息而言,会计信息使用者同样对其及时性需求较大。会计作为企业内部业务的经济价值衡量者及信息披露者,对企业的运营与发展的作用是至关重要的。随着企业竞争的加剧和成本的上升,企业管理运营者常常抱怨会计工作未能发挥应有作用,实质上是抱怨会计人员不能准确及时地提供业务所需的会计信息,无法更多地参与企业的战略决策和提供更多有价值的风险管理建议。而对于会计从业人员而言,整天从事重复繁琐的会计核算工作,自身价值得不到充分体现,往往费力不讨好。因此,会计工作自动化的价值,不只体现在节省多少会计人员的工作量,更多地体现在为企业和财务人员创造新的、更大的价值。

想一想

下列选项中,描述错误的是(   )。

A. 人工智能技术是指计算机和机器模仿人脑的感知、学习、解决问题和决策的功能的一种技术

B. 人工智能、机器学习和深度学习三者是并列关系

C. 机器学习是人工智能的一个子集，机器学习是一种基于神经网络的计算机算法网络，试图模仿人脑的感知和思维过程

D. 深度学习是机器学习应用程序的一个子集，它可以自学并以越来越高的准确性来执行特定任务，而无需人工干预

任务 1.2 熟悉会计核算自动化

活动 1.2.1 传统会计核算系统存在的问题

财务软件现下已经很普及了，但现有的会计核算系统只实现了会计核算工作的后半程自动化，而会计工作在原始数据的采集、原始凭证的审核、会计分录的编制这三个关键环节上，仍然依赖手工操作。这三个关键环节的工作对最终的会计工作结果具有决定性的作用。如果这三个关键环节有错漏，会导致会计报告不准确；如果这三个关键环节的效率低，必然拖延会计报告披露的时间。所以，要实现整个会计核算工作过程的自动化，关键是实现这三个关键环节的自动化。

1. 原始数据的采集

会计核算工作中的原始数据采集，实质上是收集原始凭证上的数据，而不论记录这些数据的介质是什么。实现原始凭证上数据采集的自动化，关键是实现原始凭证的数据电子化和结构化。虽然当前会计工作中的一部分数据可以通过互联网或其他渠道实现电子化获取，例如银行交易的数据可以通过网银或银企直连方式获得、收入的数据可以通过税控机或收银机的接口对接获得等。但在实际工作中，由于各种客观条件的限制，会计领域还是存在着大量的需要人工采集的原始纸质单据，要实现原始数据采集的自动化，必然要解决纸质单据的数据采集问题。近年来，随着人工智能和光学字符识别（optical character recognition，OCR）技术的发展，纸质单据的自动化数据采集已具备坚实的技术基础。

2. 原始凭证的审核

原始凭证是会计核算工作的原始资料和重要依据，是会计资料中最具有法律效力的文件类型。在会计实务中，原始凭证的审核的主要内容有：

（1）审核原始凭证的合法性和真实性。例如，审核原始凭证中所列的经济业务事项是否真实，有无弄虚作假的情况。

（2）审核原始凭证的完整性。这是指审核原始凭证是否具备基本内容，是否存在应填未填或填写不清楚的情况。在传统会计核算系统中，由于缺乏大数据、人工智能等现代验证技术，原始凭证的审核工作只能完全依赖人工来进行。

3. 编制会计分录

根据编制会计分录的工作原理，会计分录编制的本质是将会计准则与会计制度相结

合，对原始凭证上的数据进行分类后，选择合适的会计科目记录这些数据。只要在正确的业务场景分析中遵循相同的会计处理原则，用同一原始凭证，无论是机器还是人工处理，都只能编制出唯一的会计分录。从根本上说，每一项会计业务的会计分录在产生之前，就已经由经济业务实质与会计准则共同决定了。传统的会计核算系统由于缺少人工智能的判断和数据来源，只能进行少量基于固定规则的自动凭证编制，如成本费用结转、摊销计提等。传统的会计核算无法真正实现自动化编制记账凭证。只有结合人工智能和软件技术，才能模仿学习人工的方式自动编制会计分录。

综上所述，要实现整个会计核算工作过程自动化，就要实现原始数据的采集、原始凭证的审核和编制会计分录等环节的智能化。在传统的会计核算系统中，大部分会计核算工作全依赖人工处理，既费时又容易引发错漏，时效性差且质量不稳定。

活动 1.2.2　会计核算工作自动化

人们利用人工智能、大数据和互联网技术实现账务处理自动化的理念是"智能和自动"。

会计核算自动化具有以下特点。

1. 智能识别票据

财务机器人[①]依托人工智能 OCR 识别技术，以及人工智能深度学习系统，创新性地解决了机器自动识别原始凭证的技术难题。该系统不仅可以自动识别社会通用票据，如增值税发票、车船票、机票、出租车票、银行单据等，而且实现了原始数据采集的自动化。

2. 智能账务处理

智能账务处理是指依据会计准则，通过分析数据的逻辑关系来自动编制记账凭证。在采集和审核原始数据后，通过事先建立的量化规则和模型，财务机器人可以实现智能填写摘要、借贷方金额及相应的辅助核算等信息，从而实现记账凭证编制的自动化。

> **想一想**
>
> 下列选项中，机器人流程自动化的英文缩写为（　　）。
> A. OCR　　　　B. CRO　　　　C. RPA　　　　D. API

---

① 财务机器人是通称，本教材依托的是科云智慧财务云平台（企业财务与会计机器人应用云平台）和科云财税机器人。

模块 2 认知智慧财务岗位及其岗位职责

知识目标

了解智慧财务岗位的分工原则;掌握票据会计岗的工作任务;掌握业务会计岗的工作任务;掌握审核会计岗的工作任务;掌握财务主管岗的工作任务

能力目标

能够根据会计准则对票据进行合理分类;能够根据财务机器人的思路设计简单业务的建模流程

素养目标

通过票据分类引导学生从管理的角度看业务;构建学生的财务建模思维

思维导图

```
                          ┌─ 任务2.1 票据会计岗位工作任务
模块2 认知智慧财务岗位     ├─ 任务2.2 业务会计岗位工作任务
及其岗位职责               ├─ 任务2.3 审核会计岗位工作任务
                          └─ 任务2.4 财务主管岗位工作任务
```

基于智慧财务云平台,本教材把财务岗位划分为四种类型,分别是票据会计、业务会计、审核会计和财务主管,这四种岗位的工作内容简要描述如下:

(1) 票据会计:票据收集及数据采集、票据整理、票据扫描、票据分组、档案保管。

(2) 业务会计:设置量化规则、建立业务票据模型、建立Excel数据模型、建立费用归集模型、建立成本核算模型。

(3) 审核会计:审核记账凭证、期末结账、审核报表。

(4) 财务主管:期初建账及平台基础设置、编写管理建议书。

以上是这四个岗位的总体工作内容,其中每个岗位的具体工作项目本教材将在岗位认知和岗位职责中进行详细讲解。

任务 2.1 票据会计岗位工作任务

在智能会计时代,相关财务人员需要处理票据相关的工作内容。通常,企业的票据会计人员需要做好以下几件事:票据收集及数据采集、纸质票据整理、票据扫描、票据分组、档案保管。

活动 2.1.1 票据收集及数据采集

票据会计人员需要根据公司的财务制度和票据管理制度的相关规定,结合公司自身的业务特点,开展票据收集及数据采集工作。票据会计人员负责收集的票据及数据具体可能包括以下几个来源:

(1)收集票据的主要来源有:本公司人员提交的票据,如员工报销差旅费、办公费时提交的票据,具体有飞机票、出租车票、动车票等;票据会计人员取得的票据,如银行回单等;公司职工在政府机关办理业务时取得的行政事业单位开具的票据,如办理证照开具的工本费收据等。

(2)数据采集的主要来源有:从税务数字账户采集的发票,如取得的采购发票和开具的销售发票;从公司内部仓储系统采集的数据,如领料单、入库单、出库单等(此处将采集所有仓储系统票据数据,包含只有数量没有金额的票据,如出库单。这些单据是不参与核算的,所以【票据管理】—【票据分组】不包含它们),数据采集如图2-1所示。

图2-1 数据采集

活动 2.1.2 纸质票据整理

票据会计人员收集票据之后需要进行整理,以确保票据扫描环节顺利进行。票据整理工作需要结合企业自身的业务特点和财务制度,按照一定的规则进行分门别类的整理。

纸质票据可按照不同票据票种、不同时间进行分类整理。

1. 银行单据

常见的银行单据有银行收款单(图 2-2)、银行付款单。

图 2-2　银行单据

2. 内部单据

常用的内部单据包括通用费用报销单、差旅费报销单、借款单(图 2-3)。

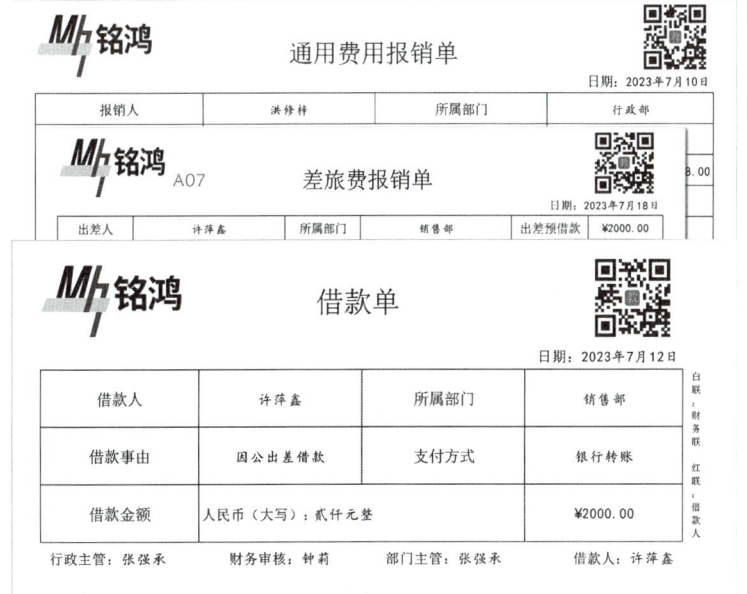

图 2-3　内部单据

3. 交通票据

常见的交通票据有火车票、汽车票、飞机票、出租车票(图 2-4)。

图 2-4 交通票据

活动 2.1.3 票据扫描

票据会计人员把所需票据收集和归类整理后,即可进入票据扫描环节。票据扫描分两种模式,一种是利用财务机器人进行纸质票据扫描,另一种是直接在平台进行模拟票据扫描。

1. 纸质票据扫描

纸质票据扫描需要由票据会计人员启动科云财务机器人来完成(图 2-5)。另外,对于经过票据整理环节的待扫描票据,建议按照以下顺序进行:

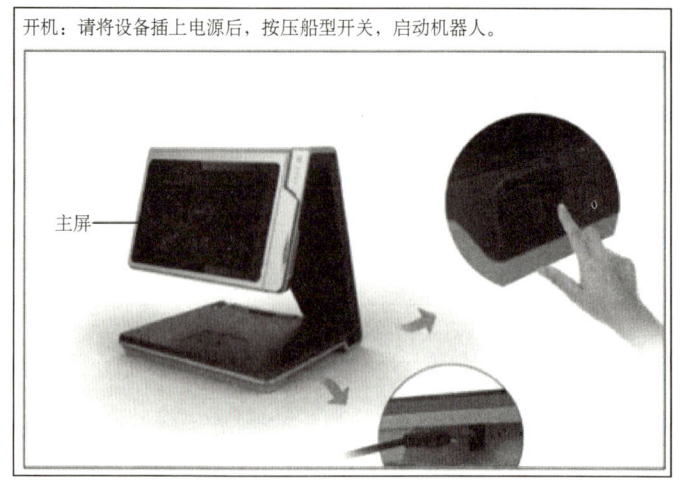

图 2-5 启动科云财务机器人

（1）优先扫描时间较早的票据。

（2）同一批次的票据可按任意顺序进行扫描，无特定顺序要求。

点击图2-6所示桌面上的"科云财税机器人"图标启动科云财税机器人程序。

输入票据会计人员的账号和密码进行登录（图2-7）。

图2-6 启动科云财税机器人程序

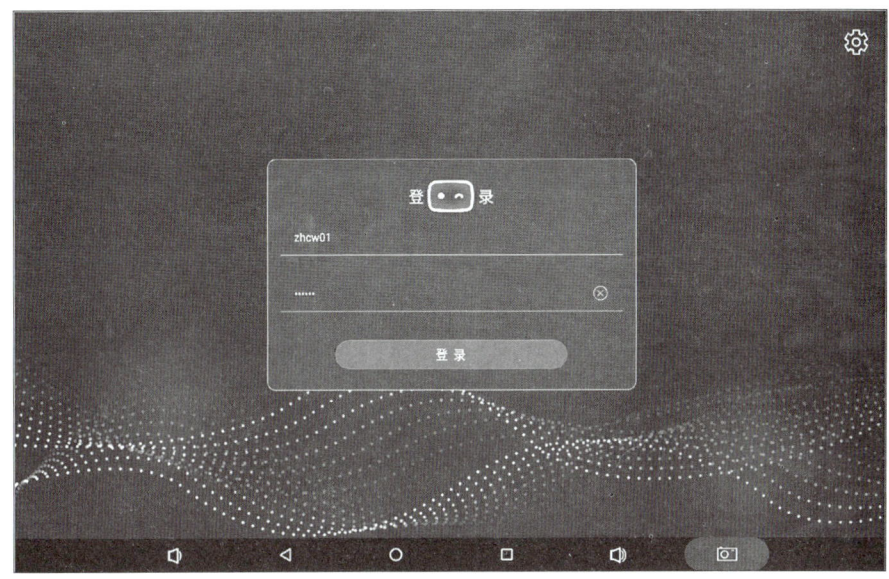

图2-7 登录

登录后选择班级课程（图2-8）。

图2-8 选择班级课程

在右上方选择课程和账期,点击"开始拍摄"按钮,进入拍摄扫描状态(图2-9)。

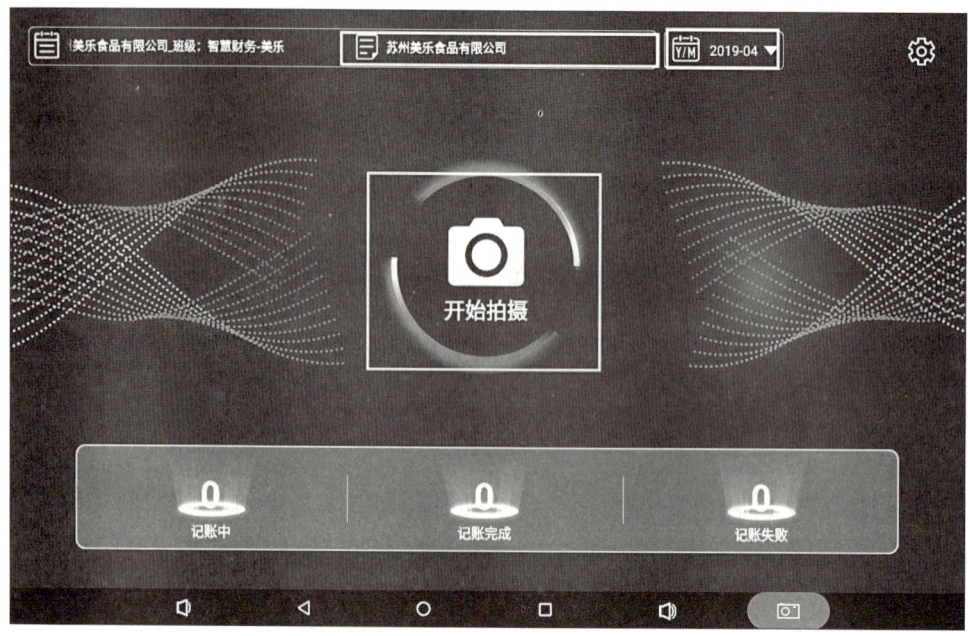

图 2-9　开始拍摄

点击右侧中间的"拍摄"按钮,进行拍摄。点击右侧下方的"传输"按钮,传递至主界面,如图2-10所示。

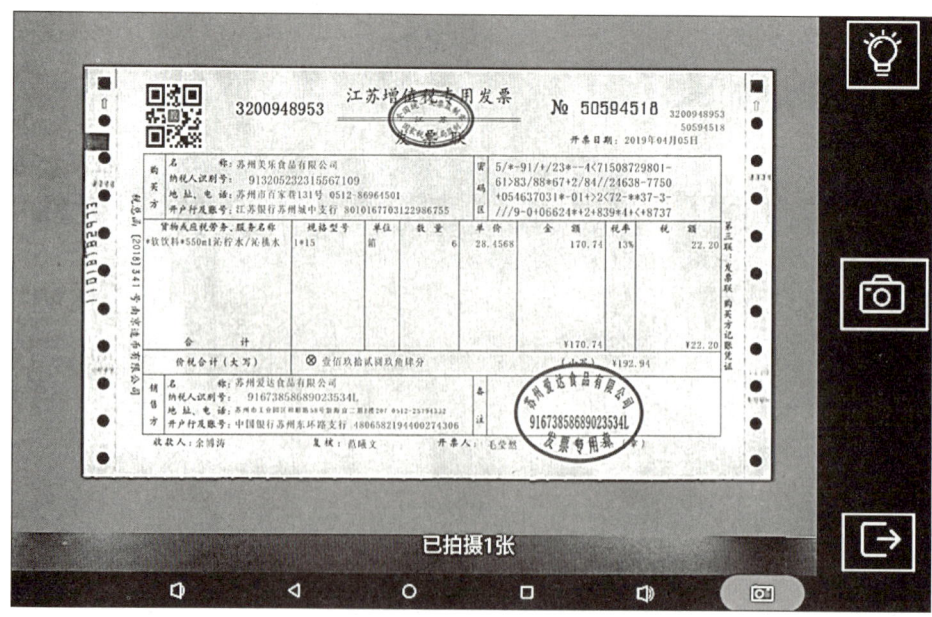

图 2-10　拍摄结果

拍摄完成后,可以点击"继续拍摄"按钮或"开始记账"按钮。需要注意的是,若要点击"开始记账"按钮,需要业务岗位会计人员先行完成业务票据建模,否则系统将无法匹配对应规则,无法生成相关记账凭证,如图 2-11 所示。

图 2-11 拍摄完成

点击"开始记账"按钮,科云财务机器人会自动打包已经拍好的票据上传至人工智能中心进行智能识别。识别完成后,系统会将智能识别的票据内容传回实训系统,并根据事先设置好的业务规则进行智能账务处理,自动生成记账凭证,如图 2-12 所示。

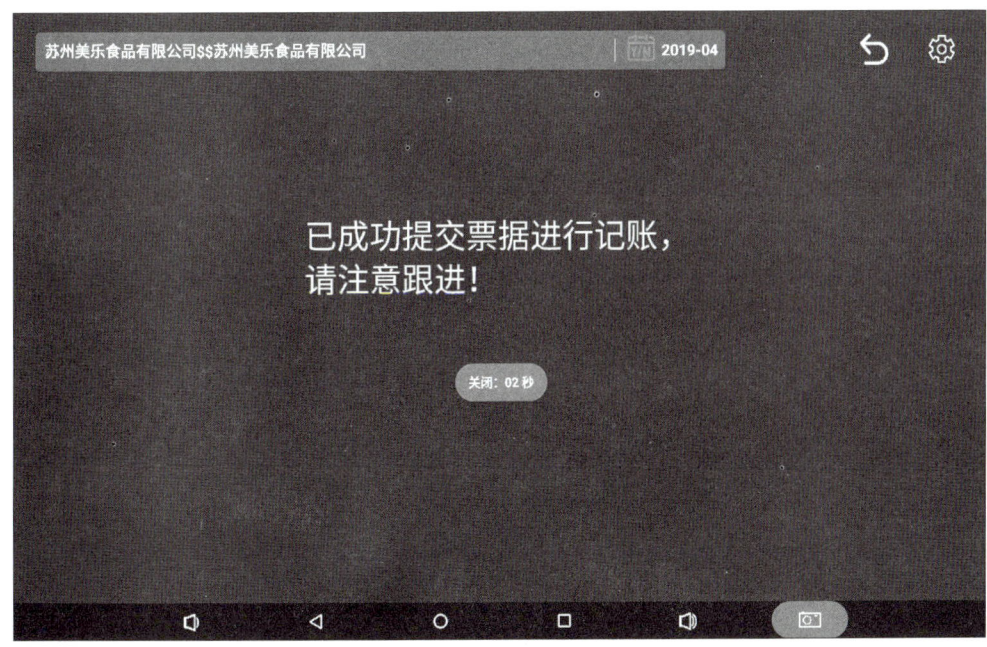

图 2-12 点击"开始记账"按钮

提交后,可通过图 2-13 所示界面,根据不同的记账状态查看相应的票据。例如,可以查看哪些票据正在记账中、哪些票据已完成记账、哪些票据记账失败等情况。

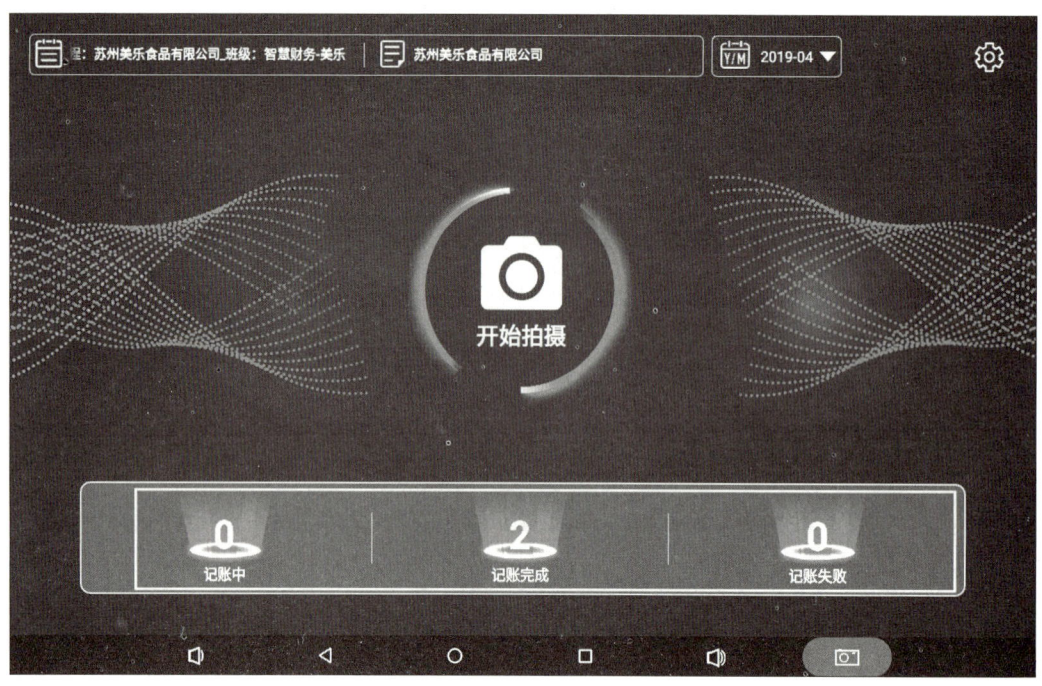

图 2-13　查看记账状态及相应票据

点击"记账完成",可查看已完成记账的相关票据,如图 2-14 所示。

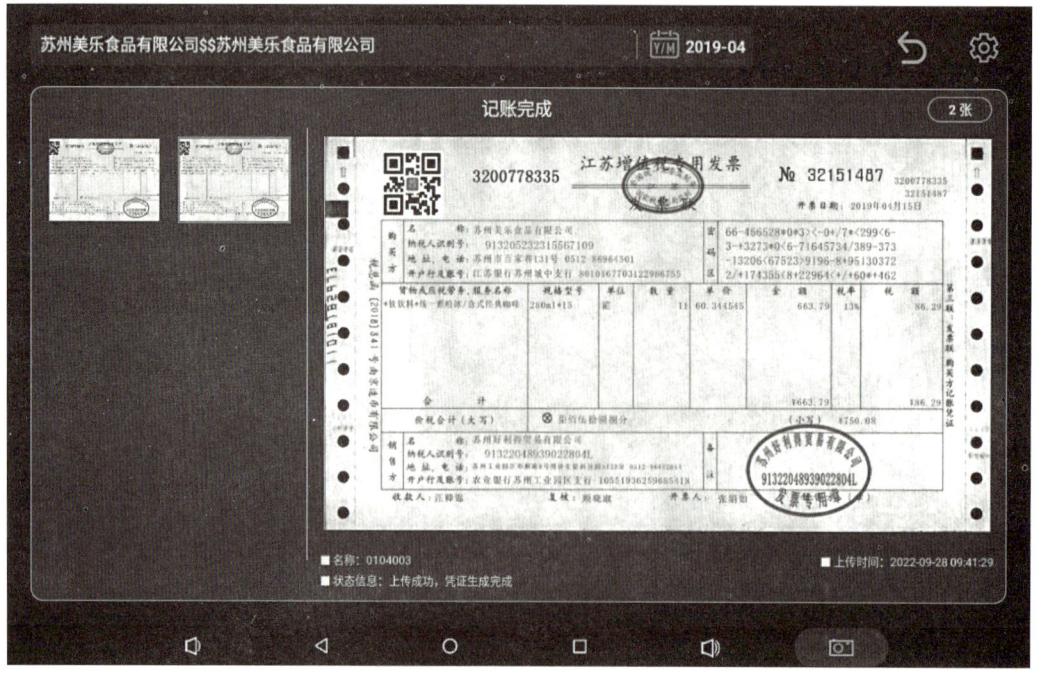

图 2-14　查看已完成记账的相关票据

也可以在平台的【票据管理】—【票据状态】中查看票据影像及生成的相关记账凭证。

注：点击"开始记账"按钮的前提是业务会计人员已完成业务票据建模，否则系统将无法生成记账凭证并提示相关错误。修改提示中的问题后，点击"重新生成"按钮即可重新生成记账凭证。

2. 模拟票据扫描

票据会计人员进行模拟票据扫描时，需要先登录平台，具体步骤如下：首先，打开360浏览器(或谷歌浏览器)，将其设置为极速模式，输入科云智慧财务云平台的网址，打开平台的登录界面；然后，输入账号和密码，以学生角色登录，如图2-15和图2-16所示。

图2-15　打开浏览器并设置极速模式

图2-16　登录云平台

登录成功后，选择对应的课程并点击进入，如"厦门铭鸿电子科技有限公司"，如图2-17所示。

进入"厦门铭鸿电子科技有限公司 V1.1"课程的实训案例，如图2-18所示。

进入系统，系统分为【信息中心】【智能云报账】【智能云记账】【我的成绩】【学习中心】模块，如图2-19所示。

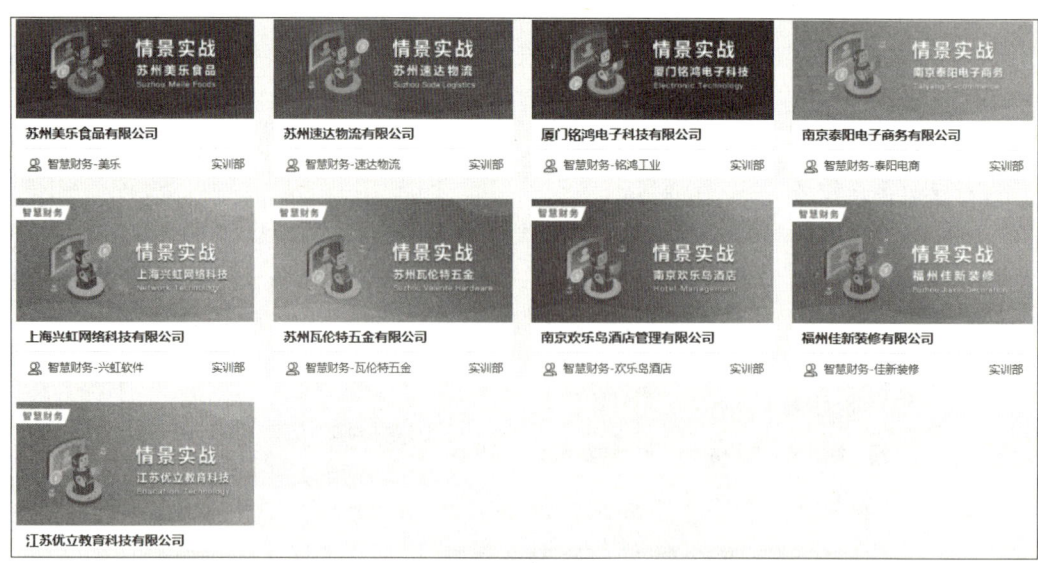

图 2-17　选择对应课程

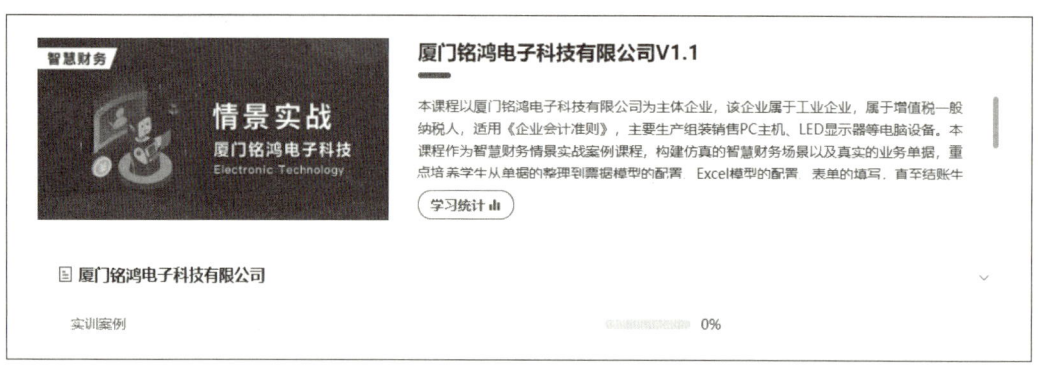

图 2-18　进入"厦门铭鸿电子科技有限公司 V1.1"课程的实训案例

图 2-19　进入系统

票据会计人员进入"智能云报账"模块,在【票据管理】—【票据扫描】中对相关票据进行选择并识别扫描,识别扫描后,票据将跳转至【票据管理】—【票据扫描】—【票据分组】中,如图 2-20 所示。

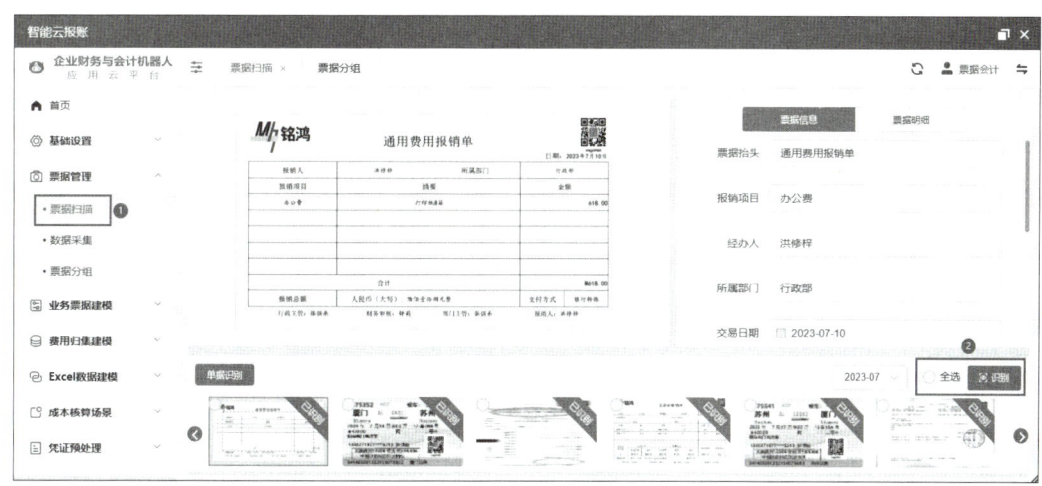

图 2-20　识别扫描相关票据

活动 2.1.4　票 据 分 组

在票据扫描识别、数据采集完成,业务会计完成业务票据建模后,在【票据管理】—【票据分组】中选中相关票据进行分组(每组最多可选择 30 张票据)。分组完成后,提交分组信息,系统将智能生成记账凭证,如图 2-21 所示。生成凭证后,凭证会跳转至【凭证预处理】—【业务票据凭证】模块中。

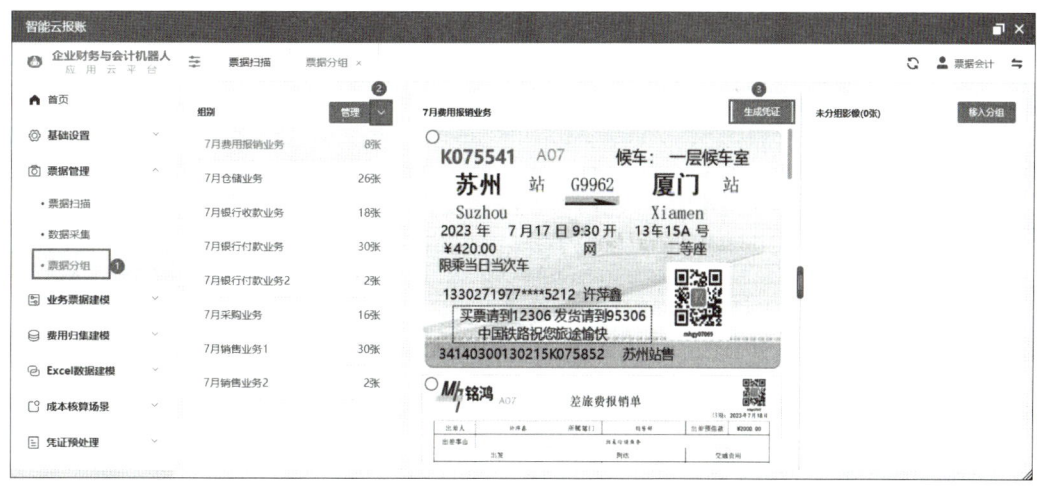

图 2-21　票据分组

活动 2.1.5 档案保管

原始票据经过扫描入库后,会计人员需要对原始票据进行归档保管。企业需要根据《中华人民共和国发票管理办法》和企业所在地财政、税务等行政机关的相关规定,制定适合本企业的《票据管理制度》,以便对企业日常经营所用到的各类票据进行保管。相关人员应参照企业制定的《票据管理制度》,采购适合票据保管的档案柜或票据管理软件。票据会计人员需使用所采购的档案柜或票据管理软件,对票据进行妥善保管,以免票据丢失或毁损。

任务 2.2 业务会计岗位工作任务

在智慧财务云平台中,业务会计人员需根据企业自身的业务特点,学会建模和设置量化规则,教会机器人如何进行自动账务处理,以满足未来人工智能财税时代对新型财会人才的新要求。

活动 2.2.1 查看企业信息

进入相应课程后,可在【信息中心】模块查看企业基本信息、财务工作规范和业务描述。完成案例所需的相关信息数据均可在此模块中获取(图2-22)。

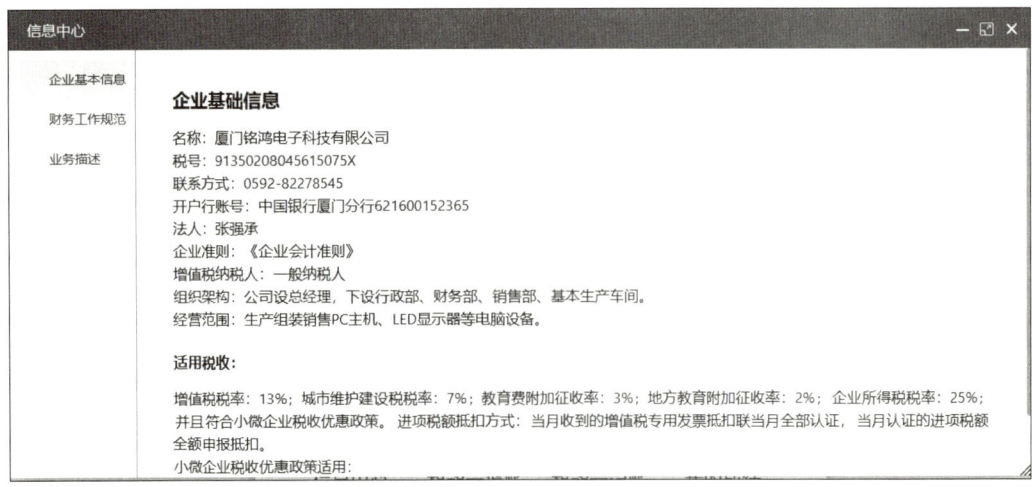

图 2-22 查看企业信息

活动 2.2.2 业务票据建模

财务机器人通过智能识别、智能记账可以快速高效地进行账务处理,大大减少财务工作出错的可能性,从而将企业的财务人员从繁重的会计核算工作中解放出来,把有限的人力、物力投入为企业创造价值的分析控制等环节提供有效的决策支持方面。然而,为了让财务机器人发挥智能识别、智能记账的功能,业务会计人员需要先对财务机器人系统进行必要的业务票据建模。业务票据建模主要体现在"业务票据建模流程""科目匹配"和"业务票据凭证异常"三个环节,其中最重要的是"业务票据建模流程"环节。它需要业务会计人员根据企业自身的业务特点、财务制度、管理规范,设置符合企业自身的智能记账规则和相应模板,来教会财务机器人进行智能作业,从而发挥其智能识别、智能记账的功能。接下来,本章进入"业务票据建模流程"环节。

1. 业务票据建模流程

业务票据建模流程主要根据企业经济业务的特点、财务工作规范,对智能账务处理流程进行设置,主要包括【票据类别】【场景类别】【场景配置】【凭证模板】四个模块。其原理类似于根据一笔经济业务所拿到的原始凭证判断如何进行账务处理。例如,当一笔采购业务完成时,如果同时拿到采购发票、银行付款回单、入库单,则记账凭证的借方科目是"原材料"或"库存商品",贷方科目是"银行存款"。同样,对于财务机器人而言,在设置记账规则时,也需要从票据(即原始凭证)入手。业务票据建模流程的具体步骤如下:首先,根据票据的类型设置票据类别;其次,根据不同的业务类型设置具体的场景类别;再次,将场景类别进行组合,完成场景配置;最后,根据配置好的场景设置相应的凭证模板。

业务票据建模的整体流程涉及的模块可总结为:票据类别→场景类别→场景配置→凭证模板,如图2-23所示。

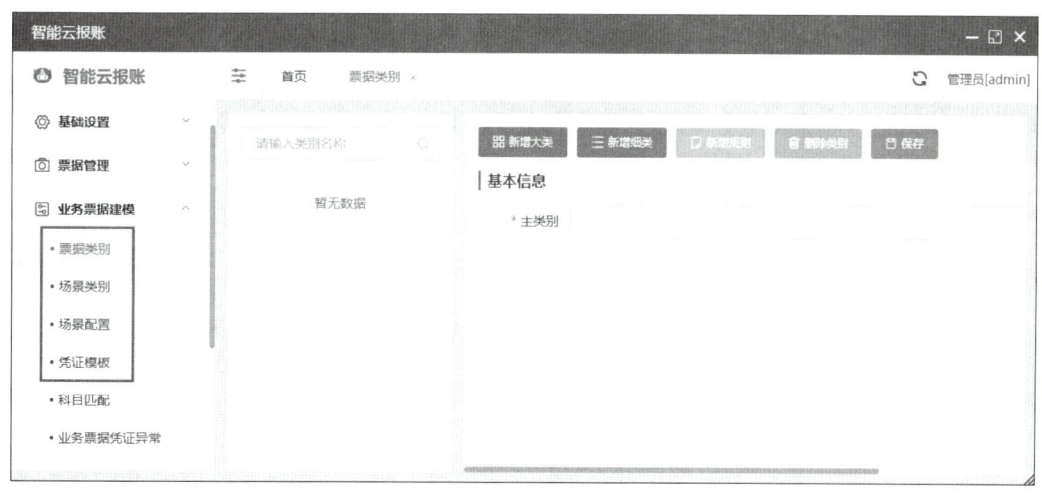

图2-23 业务票据建模流程

业务票据建模是财务机器人工作流程中的重点和难点环节,是本教材重点介绍的内容。本教材将以一家企业为账套主体,结合具体业务场景,详细讲解业务票据建模的流程和相关实际操作。

(1)票据类别。

新增票据类别的操作步骤如下:首先,点击"新增大类",在主类别中填入票据名称并保存；其次，点击"新增细类"，在类别名称中填入票据名称细类；再次，在"选择票种"中选择该类别需要的票据类型；最后，在操作中点击"⊕"新增规则，填入对应的"筛选项""操作符"和"匹配值"并保存，如图 2-24 所示。

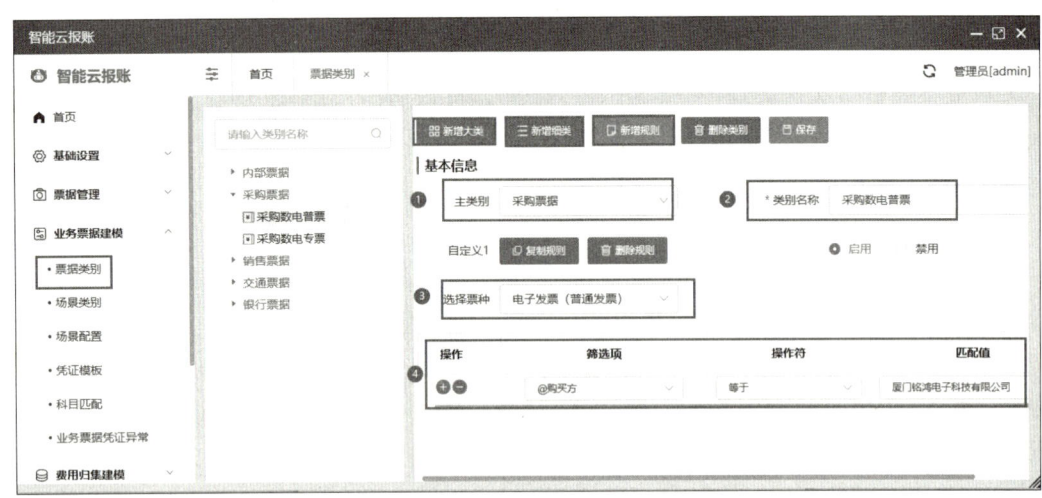

图 2-24 新增票据类别

（2）场景类别。

新增场景类别的操作步骤如下：首先，点击"新增大类"，在主类别中填入场景名称并保存；其次，点击"新增细类"，在类别名称中填入场景名称细类；再次，在"选择票种"中选择该场景对应的票据类别下的明细票据；最后，在操作中点击"⊕"新增规则，填入对应的"筛选项""操作符"和"匹配值"并保存，如图 2-25 所示。

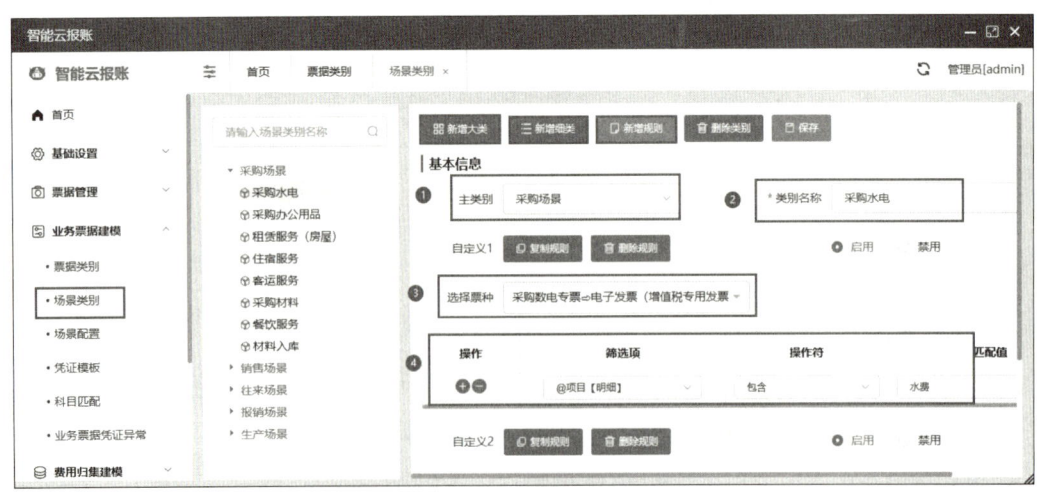

图 2-25 新增场景类别

（3）场景配置。

新增场景配置的操作步骤如下：首先，点击"新增主场景"，在主场景中填入名称并保存；其次，点击"新增场景"，在场景名称中填入主场景下的细类名称；最后，在操作中选择场景类别,勾选票据类别,填入组合名称并保存,如图 2-26 所示。

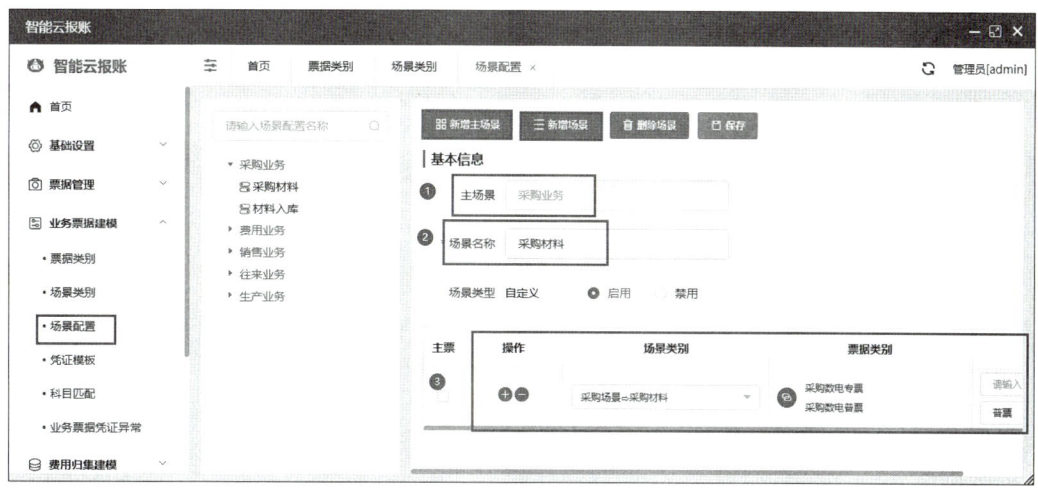

图 2-26　新增场景配置

（4）凭证模板。

根据已配置好的会计场景新增模板,主要有"凭证头设置""分录设置""辅助核算""合并及排序"四个步骤,如图 2-27 和图 2-28 所示。

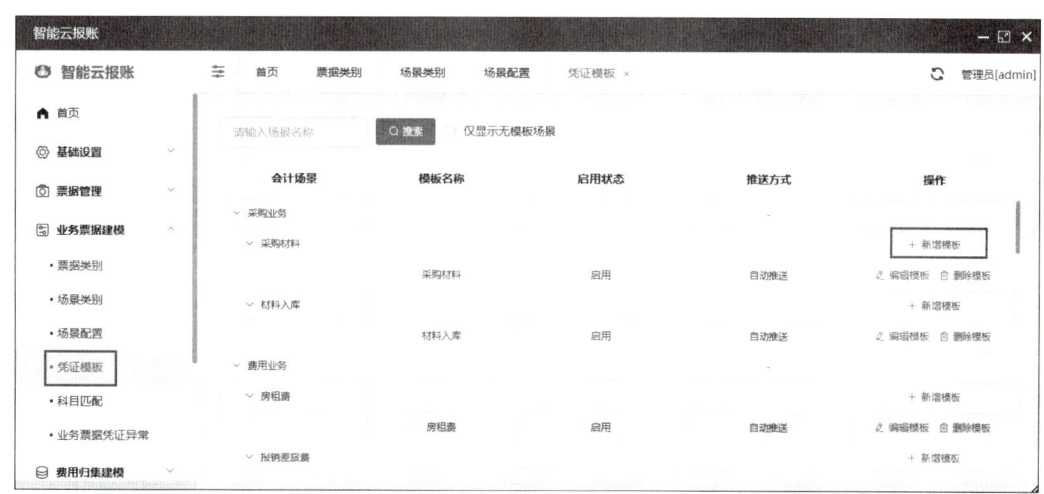

图 2-27　新增凭证模板

2. 科目匹配

科目匹配用于辅助凭证模板中的"分录设置"。具体操作如下:首先,点击"新增";其次,在科目名称中选择相应的会计科目;最后,在匹配值中填入票据相关信息并启用,如图 2-29 所示。

3. 业务票据凭证异常

若在业务票据建模流程或科目匹配中存在错误,系统将通过【业务票据凭证异常】模块提示错误,主要提示"异常类型""异常信息"并提供相关异常影像,学生可根据提示做相应的修改并重新生成记账凭证,如图 2-30 所示。

图 2-28 凭证模板设置

图 2-29 科目匹配

图 2-30 业务票据凭证异常

活动 2.2.3　费用归集建模

费用归集建模包含【固定资产折旧归集】【无形资产摊销归集】【当期费用归集】【跨期费用归集】等模块。对【固定资产折旧归集】【无形资产摊销归集】进行数据汇总、凭证模板设置、生成凭证操作；在【当期费用归集】【跨期费用归集】中选择费用项目，进行参数配置、智能计算、凭证模板设置、生成凭证操作。若设置错误需要重新设置，可在右侧点击"数据重置"，重置当前费用所有数据，如图 2-31 所示。

图 2-31　费用归集建模

活动 2.2.4　Excel 数据建模

企业自身存在一些个性化业务需求，特别是在期末事项处理方面，需要通过 Excel 数据建模来实现智能化账务处理。Excel 数据建模主要基于【模型配置】【模板下载】【Excel 数据导入】和【Excel 数据凭证异常】四个模块。其中，最重要的是【模型配置】模块，它需要业务会计人员根据企业自身的财务制度、财务工作规范、管理规范，设置符合企业自身的智能记账模型，如图 2-32 所示。

活动 2.2.5　成本核算建模

成本核算场景包含【制造费用归集与分配】【产品成本核算】【销售出库核算】三个模块。每个模块均需进行"参数配置""智能计算""凭证模板设置""生成凭证"操作。其中，产品成本核算需先对产品成本计算方法进行配置，再根据选择的方法进行产品成本计算（产品成本计算方法包含品种法、分批法、平行结转分步法、分项结转分步法、综合结转分步法）。若参数设置错误需要重新设置，可在右侧点击"数据重置"，重置当前成本费用所

图 2-32　Excel 数据建模

有数据，如图 2-33 所示。

图 2-33　成本核算建模

活动 2.2.6　凭证预处理

凭证预处理包含【业务票据凭证】【Excel 数据凭证】【成本核算凭证】三个模块，如图 2-34 所示。

业务票据建模流程完成后，票据会计人员在【票据管理】模块进行凭证生成，系统将自动生成记账凭证，在【凭证预处理】—【业务票据凭证】中将显示相关记账凭证。业务会计人员可查看相关记账凭证及其票据影像，并可对记账凭证进行"账期选择""删除""重新生成"和"审核并推送"操作。

Excel 数据建模完成后，业务会计人员导入 Excel 模板，系统将自动生成记账凭证，在

图 2-34　凭证预处理

【凭证预处理】—【Excel 数据凭证】中将显示相关记账凭证。业务会计人员可对记账凭证进行"账期选择""删除"和"推送"操作。

在费用归集建模和成本核算场景中设置好凭证模板后，点击"生成凭证"，系统将自动生成记账凭证。在【凭证预处理】—【成本核算凭证】中将显示相关记账凭证。业务会计人员可对记账凭证进行"账期选择""删除"操作。

活动 2.2.7　凭 证 列 表

智能云记账平台的凭证列表包含【凭证列表】和【审核凭证】模块，业务会计人员需要对凭证列表中的凭证进行处理。业务会计人员在【业务票据建模】—【凭证模板】或【Excel 数据建模】—【模型配置】中选择"自动推送"，或在【凭证预处理】中选择手动推送记账凭证后，凭证列表将显示推送过来的记账凭证（对于【成本核算场景】生成的凭证，系统将直接把凭证推送到凭证列表中，无需额外操作）。业务会计人员可查看相关记账凭证及其票据影像，可对记账凭证进行"账期选择""删除""凭证号排序""导出凭证"和"批量打印"操作（图 2-35）。

业务会计人员若修改业务票据建模模型或修改票据影像数据，需要重新生成记账凭证，而记账凭证已经推送到凭证列表，则需要先将凭证列表中的记账凭证删除，再到【凭证预处理】中的【业务票据凭证】重新生成记账凭证，再将新生成的凭证推送到凭证列表。业务会计人员若修改 Excel 数据建模模型，需要重新生成记账凭证，可直接重新上传 Excel 模板覆盖掉原来的记账凭证。业务会计人员若需要修改【成本核算】模块的凭证，只需要在【成本核算】模块点击"智能计算"，系统将把原先生成的记账凭证清除，修改后再点击"生成凭证"即可。

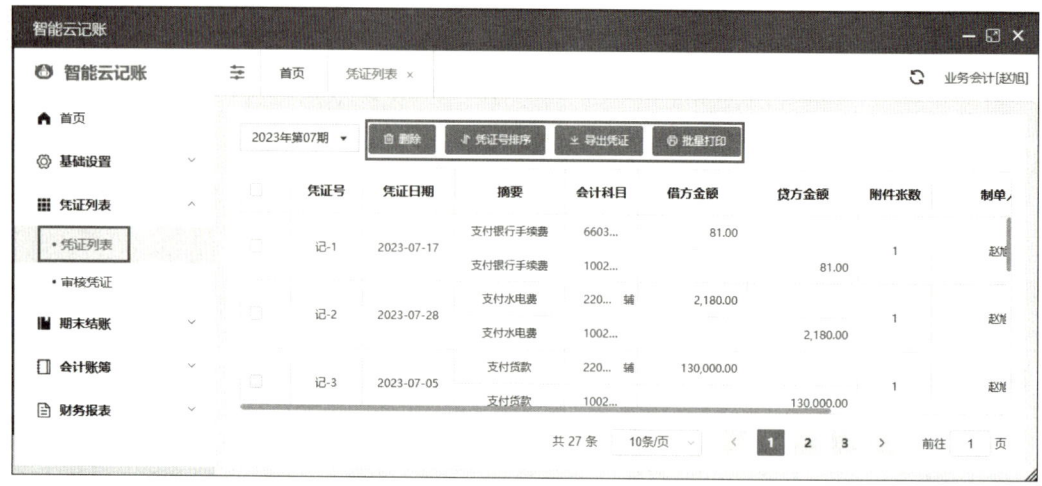

图 2-35　凭证列表

任务 2.3　审核会计岗位工作任务

审核会计人员需要进行审核凭证、期末结账和审核报表的操作。票据会计人员在完成票据的收集、整理和扫描上传后，业务会计人员根据实训平台提供的企业账套业务特点，设置好记账规则并完成相关建模。随后，财务机器人将依据上传的票据影像进行智能扫描、智能识别、智能记账等账务处理环节。完成以上账务处理后，系统将自动生成记账凭证并支持手动推送或自动推送方式，将生成的记账凭证推送给审核会计岗位人员处进行后续的记账凭证审核、期末结账，最后生成财务报表并对报表进行审核。

活动 2.3.1　审核凭证

财务机器人智能生成记账凭证后，审核会计人员需要根据实训任务要求进行凭证审核，以应对一些金额重大或性质特殊的经济业务处理可能出现的偏差，或者预防常规经济业务因系统设置而出现错误处理。审核凭证有两种方式：一是单笔审核，二是批量审核。审核的内容主要是核对上传的票据影像内容和记账凭证的内容，如科目选择是否合理、金额是否正确、票据日期和记账日期是否同属于一个会计期间等。审核凭证具体审核过程如下。

1. 单笔审核

检查本月是否有非常规的经济业务发生，如是否有新股东投资入股、是否有重大资产采购或出售、是否有固定资产报废或其他金额重大的非常规业务，如有则找出相应的凭证进行单独审核。当然，对于常规业务，审核会计人员也可以进行单笔审核，以确保账务处理万无一失。

操作路径：点击"审核"，开始审核凭证，可对记账凭证的科目、金额、所附单据一一进行审核，如图 2-36 所示。

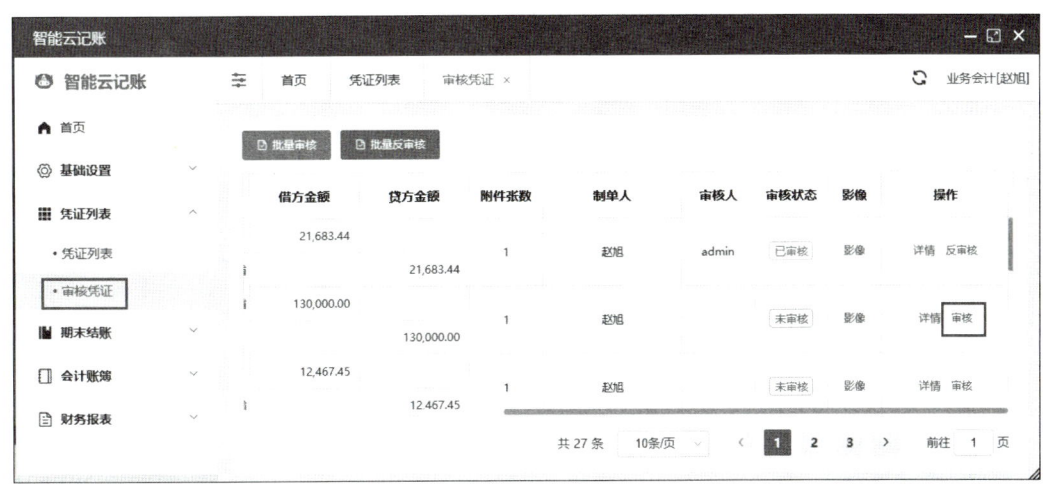

图 2-36　单笔审核

2. 批量审核

对于常规的经济业务，在确保业务会计人员设置的记账规则和建模方法无误的前提下，审核会计人员可进行批量审核以提高审核效率。

操作路径：点击"批量审核"，全选后即可进行批量审核，如图 2-37 所示。

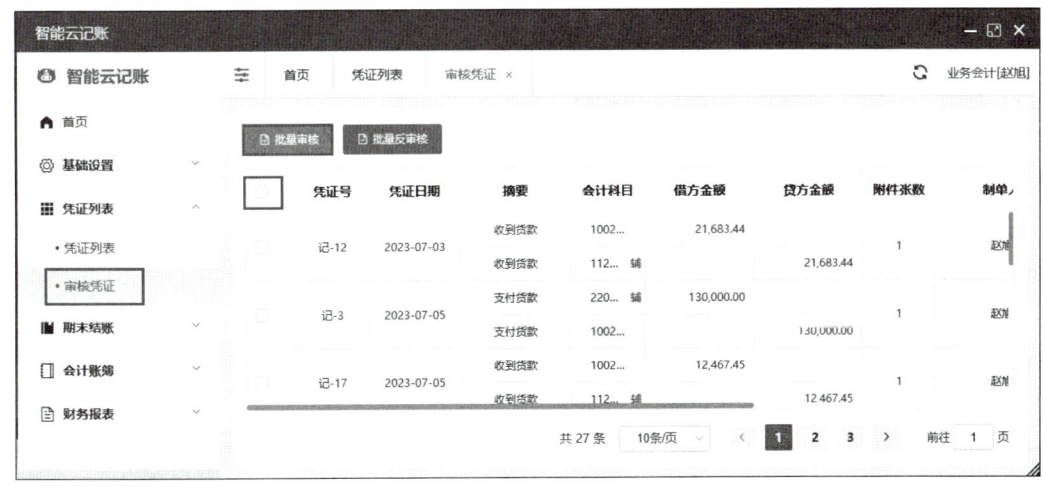

图 2-37　批量审核

审核完成后，若需要取消审核，可根据"审核状态"进行"反审核"或"批量反审核"，如图 2-38 所示。

注：制单人和审核人不能为同一人。

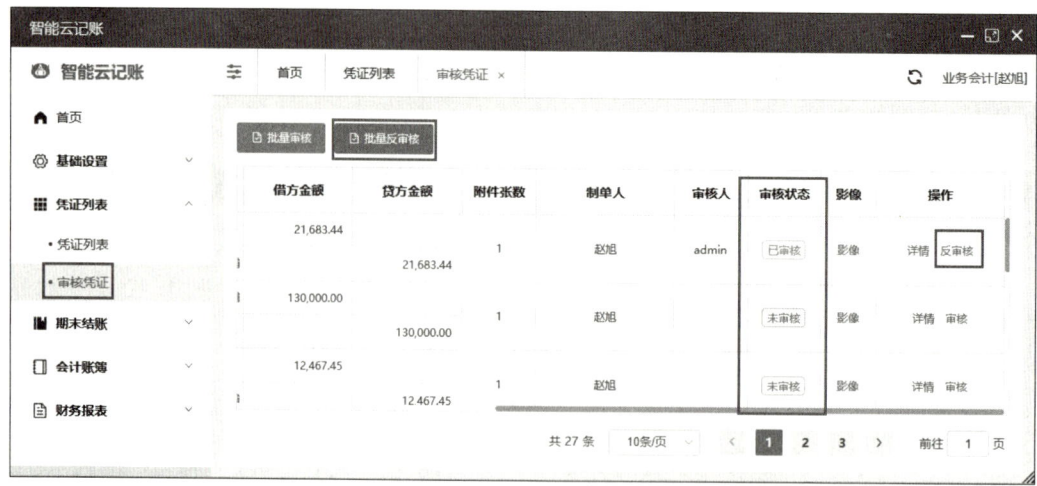

图 2-38　审核状态

活动 2.3.2　期末结账

业务会计人员在【期末结账】—【结账】模块生成结转损益记账凭证，审核会计人员到【凭证列表】—【审核凭证】模块审核该笔凭证后可进行"结账"。若结账后发现账务处理有问题，可进行"反结账"，修改相关问题后重新"结账"，如图 2-39 所示。

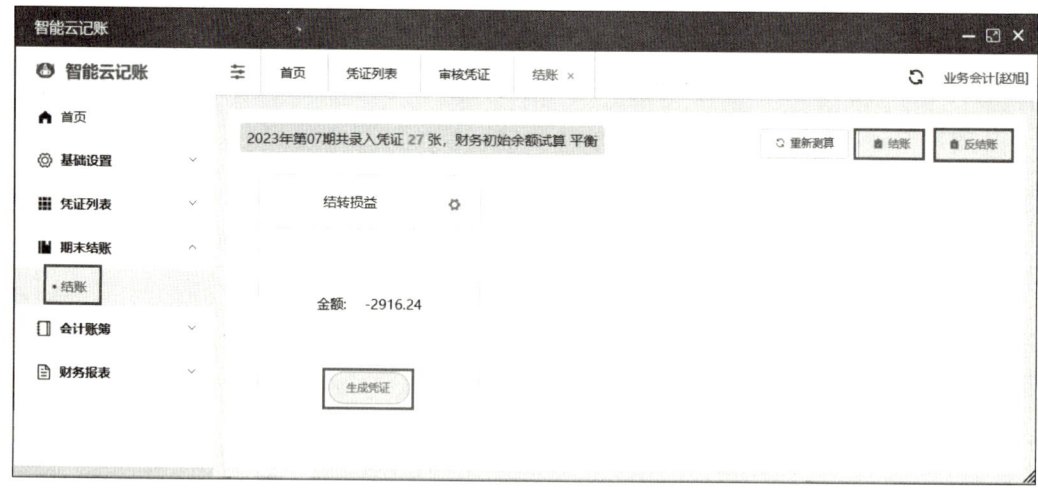

图 2-39　期末结账

活动 2.3.3　审核报表

期末结账后，系统自动生成财务报表，包括资产负债表和利润表。审核会计人员需要对生成的报表进行审核，审核无误后报财务负责人复核，由财务负责人报单位负责人进行批准，最终形成可以对外公布或提交税务或工商部门的财务报表，如图 2-40 所示。

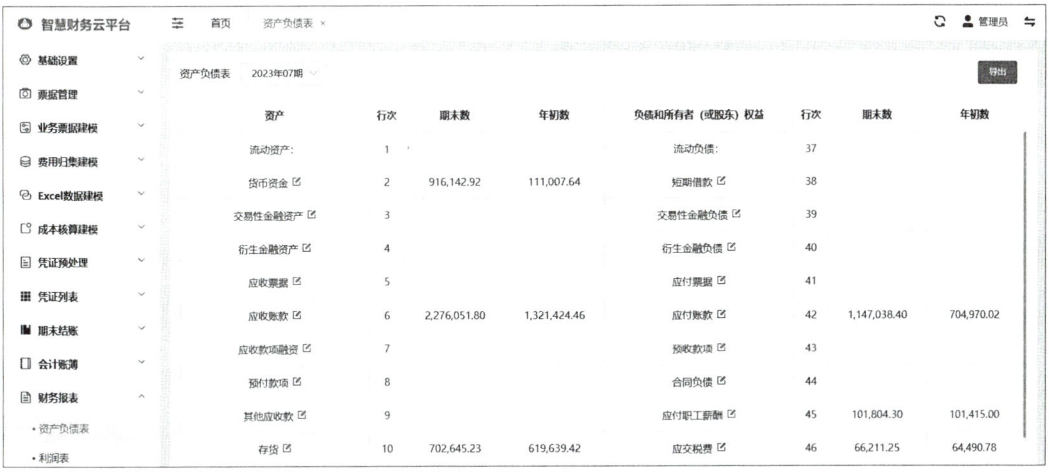

资产	行次	期末数	年初数	负债和所有者（或股东）权益	行次	期末数	年初数
流动资产:	1			流动负债:	37		
货币资金	2	916,142.92	111,007.64	短期借款	38		
交易性金融资产	3			交易性金融负债	39		
衍生金融资产	4			衍生金融负债	40		
应收票据	5			应付票据	41		
应收账款	6	2,276,051.80	1,321,424.46	应付账款	42	1,147,038.40	704,970.02
应收款项融资	7			预收款项	43		
预付款项	8			合同负债	44		
其他应收款	9			应付职工薪酬	45	101,804.30	101,415.00
存货	10	702,645.23	619,639.42	应交税费	46	66,211.25	64,490.78

图 2-40　审核报表

任务 2.4　财务主管岗位工作任务

财务主管人员需要对智慧财务云平台相关案例进行期初建账及基础设置。企业经过长期经营后会产生大量的财务数据和业务数据，需要财务主管对财务数据进行分析，为企业分析控制、价值创造、重大决策提供所需的信息支持。财务主管人员需要对案例进行实训总结，对相关财务数据进行分析，根据案例数据编写财务管理建议书，为企业的整体战略制定和日常经营提供参考。

活动 2.4.1　期初建账及平台基础设置

1. 期初建账

登录智慧财务云平台，进入实训案例，管理员登录“智能云记账”。点击【基础设置】中的【账套管理】，点击“新增账套”，如图 2-41 所示。在账套名称中填入“厦门铭鸿电子科技有限公司”，起始期间选择“2023-07”，完成期初建账设置，如图 2-42 所示。

在岗位权限分配环节，点击【基础设置】中的【人员管理】，点击“新增”，填入新增人员信息。可以根据基础设置中辅助核算的“职员”模块进行新增人员设置，可设置票据会计、业务会计、审核会计、财务主管等相应岗位，登录密码均为初始密码“123456”，并设置各个岗位的操作权限。不同岗位人员的操作权限设置可根据企业实际情况自行确定，但应符合内部控制规则。上述设置完成后，各岗位会计就可以用相应的账号和密码进行业务操作了，如图 2-43 所示。

图 2-41　新增账套

图 2-42　期初建账

图 2-43　岗位权限分配

2. 基础设置

在【基础设置】中，【会计科目】【币别】【辅助核算】【科目期初】【凭证字】与企业财务系统进行同步设置，平台已设置好，无需操作。

活动 2.4.2 编写管理建议书

财务主管人员需完成以下工作：对案例进行实训总结；对相关财务数据进行分析；结合行业的现状和发展前景撰写不少于600字的管理建议书，谈谈本企业的未来发展方向、不足之处和对本企业的改进建议。

管理建议书应至少包括以下内容：企业概况、行业现状和前景、存在问题、企业未来发展方向、改进建议、企业未来远景目标。

> **想一想**
>
> 财务会计岗的工作任务包括哪些环节？财务会计跟传统的手工会计工作内容有什么区别？

课程思政

智慧赋能，分类处理，助力财务工作精准高效

财务工作是分类的艺术。对会计人员来说，处理原始数据的采集、原始凭证的审核，以及编制会计分录往往耗费大量时间。其中，原始凭证的处理和会计分录的编制是重复性高、较为机械化的业务。基于人工智能的RPA技术能够把财务人员从基础性工作中解放出来，为企业创造更大的经济效益。

模块 3 采购业务建模——案例实操

知识目标

了解采购业务的含义和内容；明确采购业务的原始凭证，掌握采购业务账务处理方法；掌握采购业务建模的主要步骤

能力目标

能进行采购材料业务的建模操作；能进行采购入库业务的建模操作；能应用财务机器人对采购业务自动生成记账凭证

素养目标

培养踏实、认真、细致的职业素养；树立加强存货管理、防范经营风险的管理意识

思维导图

模块3 采购业务建模——案例实操
- 任务3.1 采购材料业务建模
- 任务3.2 采购入库业务建模

本教材接下来以一家制造企业为例建立账套主体，结合该账套主体企业具体的采购、销售、往来、费用、生产以及期末事项等业务内容，讲解如何使用财务机器人进行智能账务处理。

1. 企业背景

企业名称：厦门铭鸿电子科技有限公司

统一社会信用代码：91350208045615075X

地址：厦门市厦禾路 326 号

联系电话：0592-82278545

法定代表人：张强承

银行基本账户:中国银行厦门分行621600152365。

增值税纳税人:一般纳税人。

组织架构:公司设总经理,总经理下设行政部、财务部、销售部、基本生产车间。

2. 经营范围

公司生产组装销售 PC 主机、LED 显示器等电脑设备。

适用税收政策如下。

(1)主要税种及税率:增值税税率为 13%,城市维护建设税税率为 7%,教育费附加征收率为 3%,地方教育附加征收率为 2%,企业所得税税率为 25%。

(2)进项税额抵扣方式:企业当月收到的增值税专用发票抵扣联当月全部认证,当月认证的进项税额全额申报抵扣。

3. 小微企业税收优惠政策

(1)对年应纳税所得额不超过 300 万元的小型微利企业,减按 25% 计入应纳税所得额,按 20% 的税率缴纳企业所得税。

(2)对增值税小规模纳税人、小型微利企业和个体工商户,减半征收资源税(不含水资源税)、城市维护建设税、房产税、城镇土地使用税、印花税(不含证券交易印花税)、耕地占用税和教育费附加、地方教育附加。

【项目导入】

采购业务主要是指企业采购商品、原材料、低值易耗品等有形资产的业务。为了保证企业产品生产、销售的顺利进行,企业需要在采购环节对商品进行准确的分类、计价、核算和监督,以满足企业后续相关环节管理的需要。

厦门铭鸿科技有限公司本月发生了原材料采购业务。根据企业财务工作规范,购进的原材料按实际采购成本入账,记入"在途物资"科目,入库后转入"原材料"科目。采购材料是企业的主要采购业务,是本案例涉及的第一个业务建模。本模块的学习重点在于掌握业务票据建模的流程,难点在采购材料场景的设置。企业涉及的材料票据品种较多,如何精准、简练地设置采购材料场景的筛选条件,是建模过程中需要重点关注的问题。

任务 3.1 采购材料业务建模

活动 3.1.1 任务描述

【业务情景】

2023 年 7 月,厦门铭鸿电子科技有限公司发生采购材料业务。财务部取得电子发票(增值税专用发票)13 张。

【业务票据】

(1) 电子发票票据影像(图3-1)。

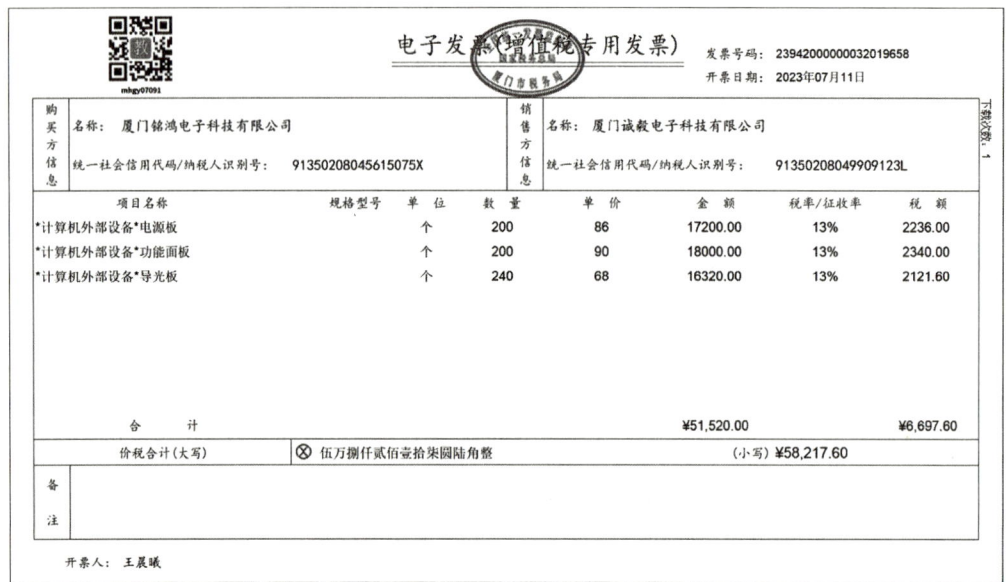

图3-1　采购材料票据影像示例——电子发票(增值税专用发票)

(2) 电子发票票据信息(图3-2)。

图3-2　采购材料票据信息示例——电子发票(增值税专用发票)

【业务要求】

根据票据影像设置业务票据建模,依次设置【票据类别】【场景类别】【场景配置】【凭证模板】及【科目匹配】。设置完成后,对影像管理中的票据影像进行影像审核,生成记账凭证。设置凭证模板时,对于凭证合并方式,有批次的按批次合并,没有批次的不合并;对于分录合并方式,有批次的完全合并,没有批次的不合并。

活动 3.1.2　知识准备

想一想

采购材料业务涉及哪些原始凭证?采购材料的账务处理是什么?

知识链接

企业外购的原材料、商品等存货按照成本进行初始计量,其外购成本就是该批货物从采购到入库前所发生的全部支出,包括购买价款、相关税费、运输费、装卸费等。购买价款是指企业购买货物时发票上列明的金额,但不包括可以按照规定进行抵扣的增值税进项税额。相关税费是指企业购买货物时发生的进口关税、消费税、资源税和不能抵扣的增值税进项税额等。此外,在企业采购货物过程中发生的费用,如运输费、装卸费、包装费、运输途中的合理损耗等,也可以归属于存货成本。

采购业务相关的单据主要包括增值税专用发票、增值税普通发票、入库单、银行付款回单等。采购业务的智能账务处理依据取得的相关单据情况,通过职业判断来录入记账凭证。为了便于批量识别并生成凭证,财务机器人需要把采购业务按单据分解,做到一张单据对应一笔会计分录。本任务涉及的单据为增值税发票,根据发票金额,借记"在途物资"账户,按照发票上注明的可抵扣增值税税额,借记"应交税费——应交增值税(进项税额)"账户,贷记"应付账款"账户。

活动 3.1.3　任务操作

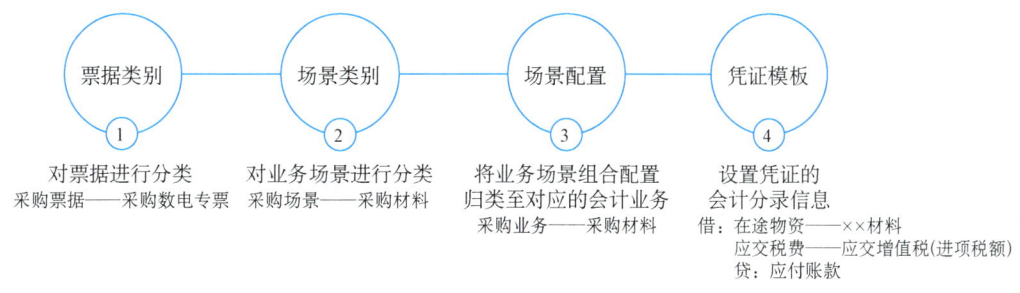

1. 票据类别设置

在采购业务中，常见的采购发票有增值税专用发票、增值税普通发票、增值税电子普通发票、电子发票（增值税专用发票）、电子发票（普通发票）等。在本案例中，7月份的采购业务只涉及电子发票（增值税专用发票）。

票据类别设置的过程和内容如下。

在【业务票据建模】—【票据类别】下新增大类，主类别名称为"采购票据"（图3-3）。

图3-3　新增"采购票据"主类别

在【采购票据】主类别下新增细类"采购数电专票"，选择票种"电子发票（增值税专用发票）"。同时，添加筛选操作"@购买方—等于—厦门铭鸿电子科技有限公司"（图3-4）。

图3-4　新增"采购数电专票"

知识点拨

数据采集环节采集到的电子发票（增值税专用发票）有可能是采购数电专票也有可能是销售数电专票，两者对应的账务处理方式不相同。因此，需要增加筛选条件"@购买方—等于—主体企业名称"作为采购数电专票的筛选项、操作符、匹配值。

2. 场景类别设置

场景类别设置的内容和过程如下。

在【业务票据建模】—【场景类别】下新增大类，主类别名称为"采购场景"（图3-5）。

在【采购场景】主类别下新增细类，类别名称为"采购材料"，选择票种"采购数电专

图 3-5 新增"采购场景"主类别

票—电子发票(增值税专用发票)"。添加筛选操作"@项目【明细】—不包含—水费"并且"@项目【明细】—不包含—电费"并且"@项目【明细】—不包含—房租费"(图 3-6)。

图 3-6 新增"采购材料"

> **想一想**
>
> 在筛选时,本例为什么要通过"不包含"操作符来筛选?

> **知识点拨**
>
> 　　企业采购涉及的原材料名称一般较多,而其他采购项目相对较少。因此,"采购材料"的采购场景采用排除法,筛选项目【明细】不包含采购材料的匹配值。通过查看票据记录,本月采购数电专票涉及的采购项目除了采购材料,还有水费、电费和房租费。因此,将这 3 个项目【明细】排除后,本月其他的采购数电专票都属于"采购材料"场景。如果以后月份有新增采购项,可以在本月基础上添加新的筛选条件。规则的设置是多元化的,没有标准答案,操作者可自行思考设置。

3. 场景配置设置

在【业务票据建模】—【场景配置】下新增大类，主类别名称为"采购业务"，如图3-7所示。

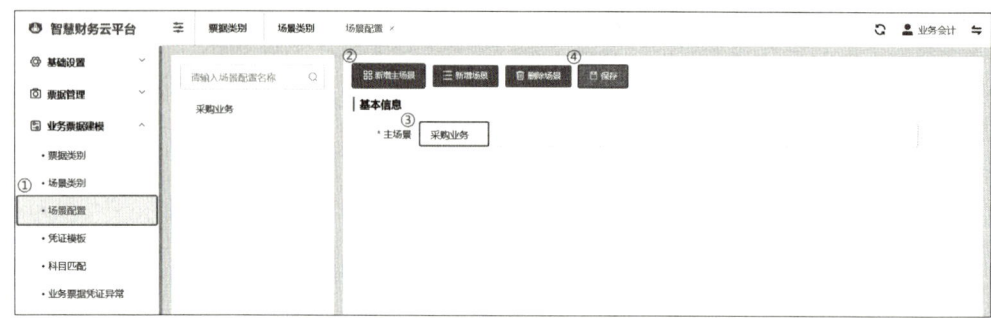

图3-7 新增"采购业务"主类别

在【采购业务】主类别中新增场景，场景名称为"采购材料"，选择场景类别为"采购场景—采购材料"，票据类别选择"采购数电专票"（图3-8）。

图3-8 新增"采购材料"

4. 凭证模板设置

在场景配置中新增场景后，就可以在【业务票据建模】—【凭证模板】下的【会计场景】中看到对应场景，点击"新增模板"可以编辑模板内容（图3-9）。

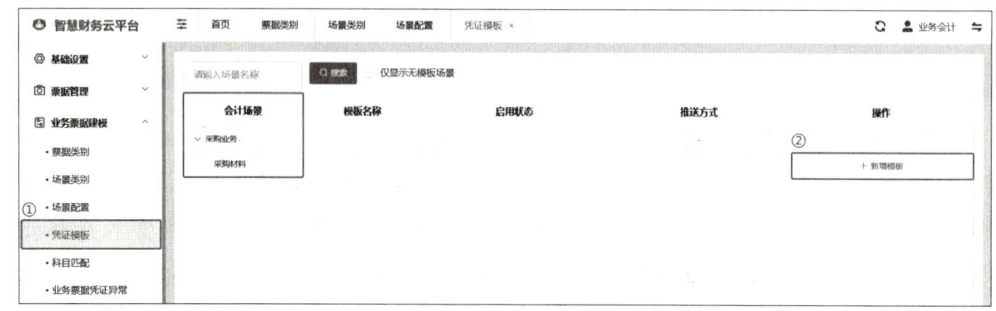

图3-9 凭证模板设置

1) 凭证头设置

在凭证头设置中，模板名称可自行填写，如"采购材料"；记账日期选择"@开票日期"；凭证字选择"记账凭证"；制单人填入业务会计人员"赵旭"；推送方式选择"自动推送"。设置完成后,点击下一步(图 3-10)。

图 3-10 凭证头设置

> **知识点拨**
>
> 记账日期可选择"@开票日期""@交易日期""@制单日期"三种方式,根据机器人识别的日期类型来选择。对于发票类票据,系统默认识别的日期类型都是开票日期(参考图 3-2)。
>
> 推送方式可选择"手动推送",待生成记账凭证后,再将凭证从凭证预处理中推送到凭证列表。

2) 分录设置

摘要自行填写,如"采购材料",分录设置如下(图 3-11):

(1) 科目来源:科目;科目:1402 在途物资;科目匹配类型:明细;方向:借;金额取值公式:@金额。

(2) 科目来源:科目;科目:22210101 应交税费——应交增值税——进项税额;方向:借;金额取值公式:@税额。

(3) 科目来源:科目;科目:2202 应付账款;方向:贷;金额取值公式:@含税金额。

图 3-11 分录设置

> **知识点拨**
>
> 每一行分录设置都要设置到最末级的明细。"在途物资"科目的二级明细是各种材料,科目明细跟发票中采集到的明细项目名称完全一致,所以第一行分录科目选择一级科目"在途物资",科目匹配类型选择"明细",财务机器人会自动将发票项目【明细】匹配至科目明细。

3) 辅助核算

新增应付账款辅助核算,在供应商操作中,点击【⊕】(图3-12),在固定栏位选择并添加"@销售方",操作符选择"等于"(图3-13)。辅助核算项"明细"默认已设置为"@项目【明细】",无需修改(图3-14)。

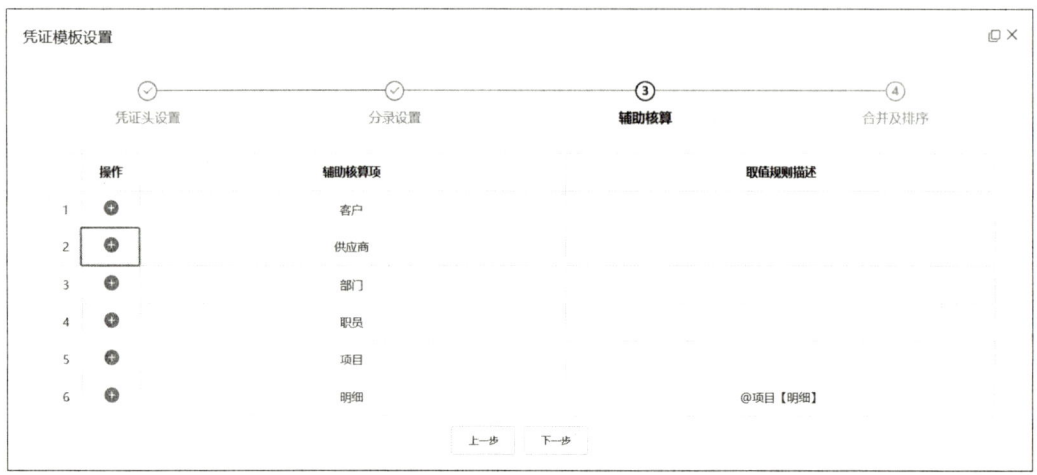

图3-12 新增应付账款辅助核算

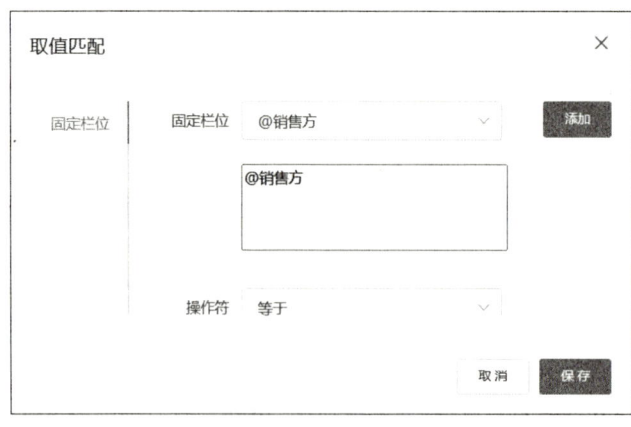

图3-13 供应商取值匹配设置

4) 合并及排序

采购材料业务票据不涉及批次,因此凭证合并方式和分录合并方式均选择"不合并",分录自定义排序条件可选择启用"借贷方"(图3-15)。

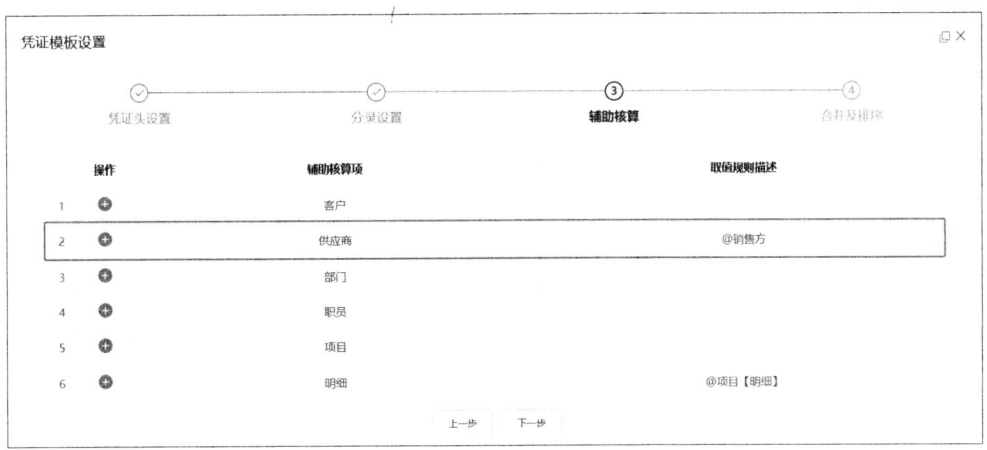

图 3-14　应付账款辅助核算

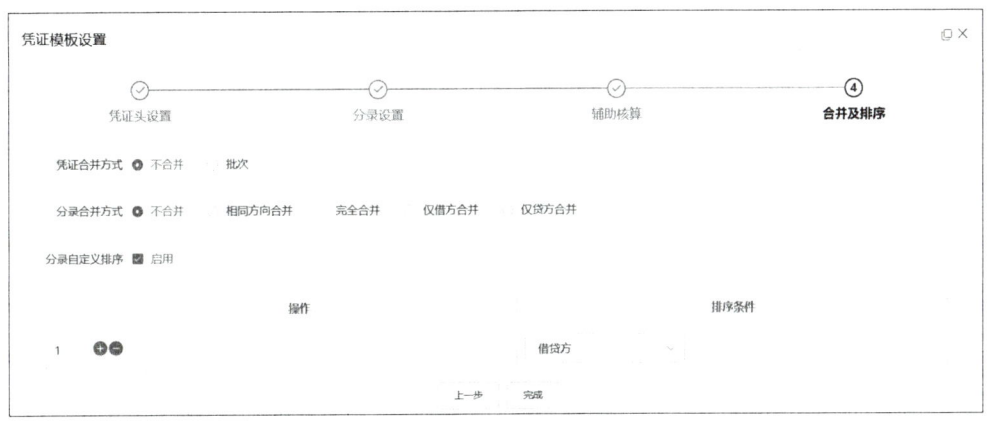

图 3-15　合并及排序

活动 3.1.4　任 务 实 施

勾选采购材料对应的原始凭证,生成 13 张凭证,示例如图 3-16 所示。

图 3-16　生成记账凭证示例

任务 3.2 采购入库业务建模

活动 3.2.1 任务描述

【业务情景】

2023 年 7 月，厦门铭鸿电子科技有限公司发生采购材料入库业务。财务部取得入库单 14 张。

【业务票据】

（1）入库单票据影像（图 3-17）。

铭鸿　　入库单　　№：65253210

交货单位：厦门滤光电子科技有限公司　　仓库：材料仓　　日期：2023年07月06日

物资类别	品名	单位	规格	数量	单价	金额
原材料	偏光板	个		600	56.00	33600.00
原材料	彩色滤光片	个		249	40.00	9960.00
原材料	背光灯管	个		230	10.00	2300.00
合计大写 仟 佰 拾 万 仟 佰 拾 元 角 分 ¥						

第二联 记账联

记账：赵旭　　保管：徐洪泽　　制票：徐洪泽

图 3-17　票据影像——入库单

（2）入库单票据信息（图 3-18）。

【业务要求】

根据票据影像设置业务票据建模，依次设置【票据类别】【场景类别】【场景配置】【凭证模板】以及【科目匹配】。设置完成后，对影像管理中的票据影像进行影像审核，生成记账凭证。设置凭证模板时，对于凭证合并方式，有批次的按批次合并，没有批次的不合并；对于分录合并方式，有批次的完全合并，没有批次的不合并。

* 票据抬头	入库单								
交货单位	厦门滤光电子科技有限公司								
仓库	仓库								
物资类别	物资类别								
发票号码	65253210								
交易日期	2023-07-06								
票据联次	记账联								
金额	45860								
含税金额	45860								
账期	2023-07								

明细信息

操作	项目【明细】	数量【明细】	单价【明细】	金额【明细】	税额【明细】	含税金额【明细】	单位【明细】	建筑项目名称【明细】
查看	背光灯管	230	10	2300		2300	个	
查看	偏光板	600	56	33600		33600	个	
查看	彩色滤光片	249	40	9960		9960	个	

图 3-18　票据信息——入库单

活动 3.2.2　知识准备

想一想

支付货款业务会涉及哪些原始凭证？支付货款的账务处理是什么？

知识链接

采购入库业务对应的单据为入库单。商品经过质量和数量验收后，由保管员在商品入库凭证上盖章签收。仓库留存商品入库保管联，并注明商品存放的库房、货位，以便统计、记账，同时将记账联送往财务部进行账务处理。财务部对于取得的入库单，应冲销"在途物资"科目，借记"原材料"等科目。

活动 3.2.3 任务操作

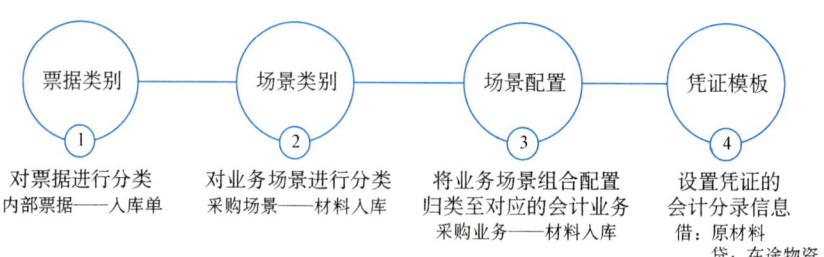

1. 票据类别
对票据进行分类
内部票据——入库单

2. 场景类别
对业务场景进行分类
采购场景——材料入库

3. 场景配置
将业务场景组合配置
归类至对应的会计业务
采购业务——材料入库

4. 凭证模板
设置凭证的
会计分录信息
借：原材料
　　贷：在途物资

1. 票据类别设置

入库单设置的相关内容如下。

在【业务票据建模】—【票据类别】下新增大类，主类别名称为"内部票据"（图 3-19）。

图 3-19　新增"内部票据"

在【内部票据】主类别下新增细类"入库单"，选择票种"入库单"（图 3-20）。

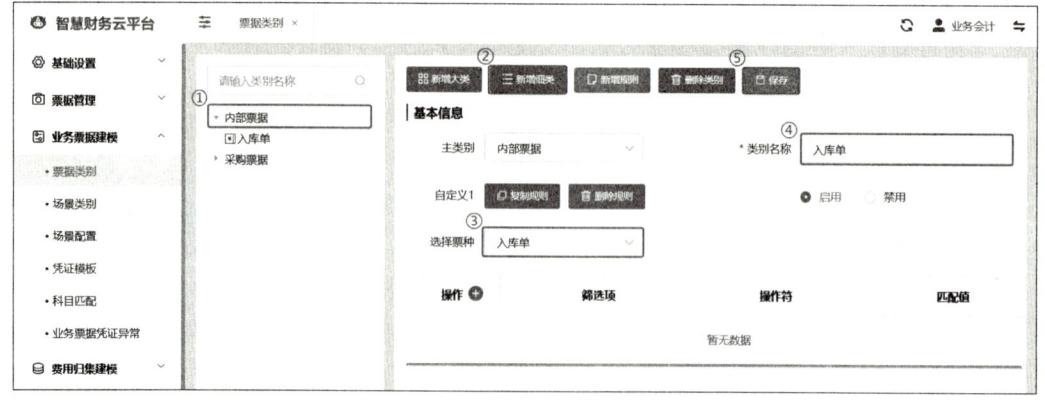

图 3-20　新增细类"入库单"

2. 场景类别设置

材料入库的场景类别设置内容如下。

在【采购场景】主类别下新增细类，类别名称为"材料入库"，选择票种"入库单"（图 3-21）。

模块 3　采购业务建模——案例实操

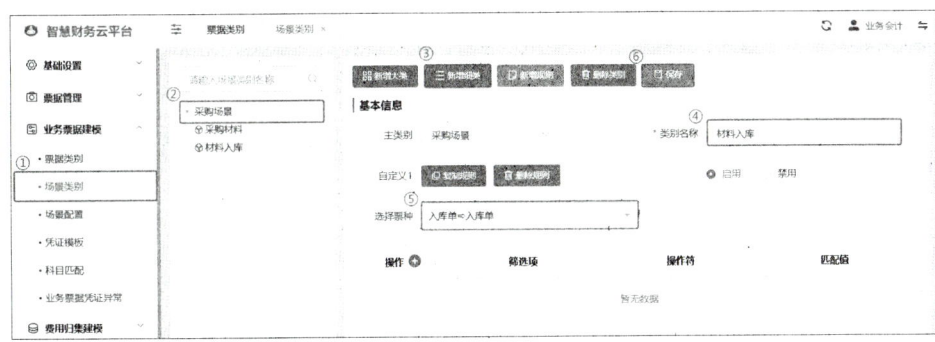

图 3-21　新增细类"材料入库"

3. 场景配置设置

在【采购业务】主类别中新增场景,场景名称为"材料入库",选择场景类别为"采购场景—材料入库",选中票据类别为"入库单"(图 3-22)。

图 3-22　新增场景"材料入库"

4. 凭证模板设置

1) 凭证头设置

在【业务票据建模】—【场景配置】下的会计场景中,选择新增"材料入库"模板,凭证头设置如图 3-23 所示。

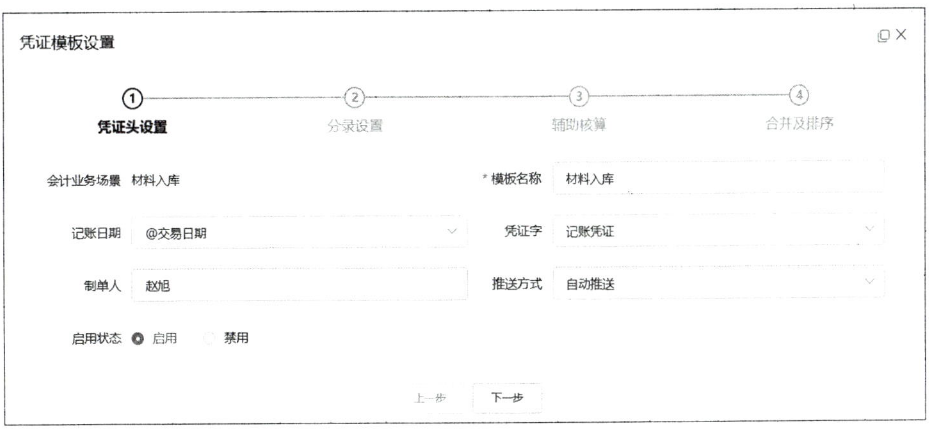

图 3-23　新增"材料入库"模板

> **知识点拨**
>
> 记账日期可选择"@开票日期""@交易日期""@制单日期"三种方式,根据机器人识别到的日期类型来选择。内部票据类和银行单据类的票据识别到的都是交易日期(参考图 3-18)。

2)分录设置

摘要可自行填写,如"材料入库",分录设置如图 3-24 所示。

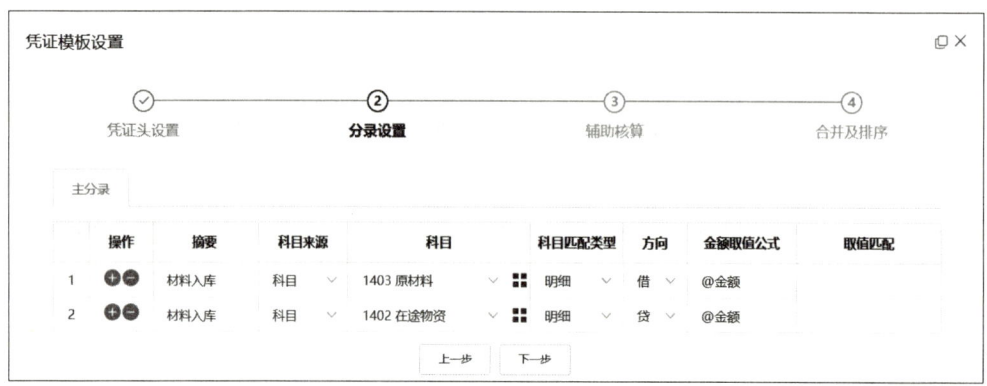

图 3-24 分录设置

3)辅助核算

辅助核算项"明细"默认设置为"@项目【明细】",无需修改。

4)合并及排序

材料入库票据不涉及批次,因此凭证合并方式和分录合并方式均选择"不合并"。分录自定义排序可选择启用"借贷方"。

活动 3.2.4 任务实施

勾选材料入库对应的原始凭证,生成 14 张凭证,如图 3-25 所示。

图 3-25 记账凭证

课程思政

采购合规化帮助企业避免风险、提高效率

某家大型国企在采购过程中,从一个不良供应商处采购了原材料,该供应商在环保和劳工权益等方面存在违规行为。这一事件引起了公众关注和执法部门的调查,给企业声誉带来了严重的负面影响。为了避免类似事件发生,该企业决定对采购过程进行合规化管理。

该企业建立了一套严格的供应商筛选机制。在与供应商进行合作之前,该企业必须对其进行全面调查,确保供应商的合规水平与企业要求相符。该企业制定了一份供应商合规评估表,对供应商进行综合评估,包括资质、信誉、社会责任、环保等方面的内容,只有通过评估的供应商才能与企业开展合作。

该企业加强了内部审计和监督机制,成立了专门的采购合规团队,负责监督和管理全公司的采购行为。该团队定期进行内部审核,对采购流程和采购人员的行为进行监控,确保采购行为符合企业规定和法律规定。采购人员也需接受定期的合规化培训,增强合规意识和能力,避免发生违规行为。该企业还加强了合同管理和风险控制。在签订合同之前,企业会对合同条款进行审查,确保合同条款合规合法。同时,在合同中增加一些风险控制条款,以保护公司利益。在合同履行过程中,企业也会定期对供应商的履约情况进行审计,确保供应商按照合同约定提供产品和服务。

经过一段时间的运营,该企业的采购合规化管理取得了显著成效。企业采购行为更加规范透明,供应商的合规水平也得到了提升。企业不仅避免了风险,而且提高了效率,降低了成本。企业声誉得到了提升,赢得了客户和社会的信任。

课证融通

请依托财务机器人应用"1+X"职业技能等级证书实训平台,完成下列练习。

1. 2024年8月,徐州佳和美商贸有限公司发生采购商品业务,财务部取得数电发票6张。

要求:根据徐州佳和美商贸有限公司提供的企业背景、业务情景和业务票据相关信息,针对2024年8月发生的采购商品业务,在财务机器人云平台上建立业务票据模型并自动生成记账凭证(账期:2024年8月;凭证合并方式:不合并;分录合并方式:不合并)。

二维码 3-1

2. 2024年10月,厦门信德工业有限公司发生采购原材料业务。财务部取得数电发票4张、入库单4张,共8张单据。

要求:根据厦门信德工业有限公司提供的企业背景、业务情景和业务票据相关信息,针对2024年10月发生的采购原材料业务,在财务机器人云平台上建立业务票据模型并自动生成记账凭证(账期:2024年10月;凭证合并方式:不合并;分录合并方式:不合并)。

二维码 3-2

3. 2024年9月,厦门信德工业有限公司发生委托加工商品取得加工费发票业务。财务部取得数电发票1张单据。

二维码 3-3

要求:根据厦门信德工业有限公司提供的企业背景、业务情景和业务票据相关信息,针对2024年9月发生的委托加工商品取得加工费发票业务,在财务机器人云平台上建立业务票据模型并自动生成记账凭证(账期:2024年9月;凭证合并方式:不合并;分录合并方式:不合并)。

4. 2024年9月,厦门信德工业有限公司发生取得委托加工运费发票业务。财务部取得数电发票1张单据。

二维码 3-4

要求:根据厦门信德工业有限公司提供的企业背景、业务情景和业务票据相关信息,针对2024年9月发生的取得委托加工运费发票业务,在财务机器人云平台上建立业务票据模型并自动生成记账凭证(账期:2024年9月;凭证合并方式:不合并;分录合并方式:不合并)。

5. 2024年7月,江苏旺丰物流有限公司发生取得外包运费发票业务,财务部取得数电发票6张。

二维码 3-5

要求:根据江苏旺丰物流有限公司提供的企业背景、业务情景和业务票据相关信息,针对2024年7月发生的取得外包运费发票业务,在财务机器人云平台上建立业务票据模型并自动生成记账凭证(账期:2024年7月;凭证合并方式:不合并;分录合并方式:相同方向合并)。

6. 2024年8月,江苏旺丰物流有限公司发生租入停车场业务,租赁期为12个月,租金于租赁期开始时一次性支付,期满后不续租,符合短期租赁特征,承租人采用简化会计处理。财务部取得数电发票1张。

二维码 3-6

要求:根据江苏旺丰物流有限公司提供的企业背景、业务情景和业务票据相关信息,针对2024年8月发生的租入货车停车场业务,在财务机器人云平台上建立业务票据模型并自动生成记账凭证(账期:2024年8月;凭证合并方式:不合并;分录合并方式:按相同方向合并)。

7. 2024年11月,江苏旺丰物流有限公司发生货车修理费业务。财务部取得数电发票1张单据。

二维码 3-7

要求:根据江苏旺丰物流有限公司提供的企业背景、业务情景和业务票据相关信息,针对2024年11月发生的货车修理费业务,在财务机器人云平台上建立业务票据模型并自动生成记账凭证(账期:2024年11月;凭证合并方式:不合并;分录合并方式:不合并)。

8. 2024年6月,徐州佳和美商贸有限公司发生采购办公桌业务。财务部取得数电发票1张、固定资产验收单1张,共2张单据。

二维码 3-8

要求:根据徐州佳和美商贸有限公司提供的企业背景、业务情景和业务票据相关信息,针对2024年6月发生的采购办公桌业务,在财务机器人云平台上建立业务票据模型并自动生成记账凭证(账期:2024年6月;凭证合并方式:不合并;分录合并方式:不合并)。

9. 2024年7月,南京星辰电子商务有限公司发生采购电脑业务。财务部取得数电发票1张、固定资产验收单2张,共3张单据。

二维码 3-9

要求:根据南京星辰电子商务有限公司提供的企业背景、业务情景和业务票据相关信息,针对2024年7月发生的采购电脑业务,在财务机器人云平台上建立业务票据模型并自动生成记账凭证(账期:2024年7月;凭证合并方式:不合并;分录合并方式:不合并)。

10. 2024年9月,上海泰鼎网络科技有限公司发生采购研发管理软件业务。财务部取得数电发票1张。

要求:根据上海泰鼎网络科技有限公司提供的企业背景、业务情景和业务票据相关信息,针对2024年9月发生的采购研发管理软件业务,在财务机器人云平台上建立业务票据模型并自动生成记账凭证(账期:2024年9月;凭证合并方式:不合并;分录合并方式:不合并)。

二维码 3-10

11. 2024年10月,江苏旺丰物流有限公司发生采购汽车管理软件业务。财务部取得数电发票1张。

要求:根据江苏旺丰物流有限公司提供的企业背景、业务情景和业务票据相关信息,针对2024年10月发生的采购汽车管理软件业务,在财务机器人云平台上建立业务票据模型并自动生成记账凭证(账期:2024年10月;凭证合并方式:不合并;分录合并方式:不合并)。

二维码 3-11

模块 4 销售业务建模——案例实操

知识目标

(1) 了解销售业务的含义和内容
(2) 明确销售业务的原始凭证,掌握销售业务账务处理方法
(3) 明确销售业务建模的主要步骤

技能目标

(1) 能进行销售业务建模操作
(2) 能应用财务机器人对销售商品业务自动生成记账凭证

素养目标

(1) 培养创造性思维和勇于尝试的精神
(2) 培育高度的道德感和社会责任感,弘扬社会主义核心价值观

思维导图

模块4 销售业务建模——案例实操 — 任务4.1 销售商品业务建模

项目导入

销售是指企业以出售、租赁或其他任何方式向第三方提供产品的行为。它包括为促进该行为进行的有关辅助活动,如广告、促销、展览、服务等。销售业务即企业出售商品或服务及收取款项等业务。企业销售业务的日常业务处理包括签订合同、商品出库及发出、开具销售发票、款项结算、客户往来处理及销售账表查询等。按企业日常活动的性质不同,销售收入分为销售商品收入、提供劳务收入和让渡资产使用权收入;按企业经营业务的主次不同,销售收入分为主营业务收入和其他业务收入。

厦门铭鸿科技有限公司本月发生了销售商品业务,开具了电子发票(增值税专用发

票)和电子发票(普通发票)。本章的学习重点在于场景配置中多种票据对应同一场景的规则设置。

任务 4.1 销售商品业务建模

活动 4.1.1 任务描述

【业务情景】

2023年7月,厦门铭鸿电子科技有限公司发生销售商品业务。财务部取得电子发票(增值税专用发票)24张、电子发票(普通发票)8张,共32张单据。

【业务票据】

1. 电子发票(增值税专用发票)

(1) 票据影像(图 4-1)。

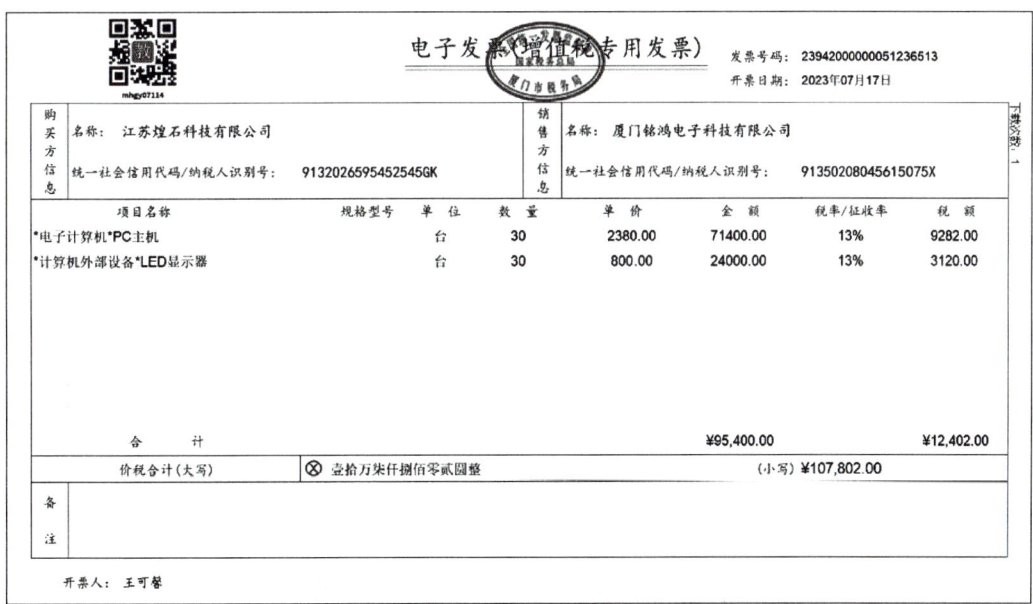

图 4-1 票据影像——电子发票(增值税专用发票)

(2) 票据信息(图 4-2)。

2. 电子发票(普通发票)

(1) 票据影像(图 4-3)。

(2) 票据信息(图 4-4)。

*票据抬头	电子发票（增值税专用发票）								
销售方	厦门铭鸿电子科技有限公司								
购买方	江苏燧石科技有限公司								
发票号码	23942000000051236513								
开票日期	2023-07-17								
备注	备注								
金额	95400								
税额	12402								
含税金额	107802								
账期	2023-07								

明细信息

操作	项目【明细】	数量【明细】	单价【明细】	金额【明细】	税额【明细】	含税金额【明细】	单位【明细】	建筑项目名称【明细】
查看	PC主机	30	2380	71400	9282	80682	台	
查看	LED显示器	30	800	24000	3120	27120	台	

图 4-2　票据信息——电子发票（增值税专用发票）

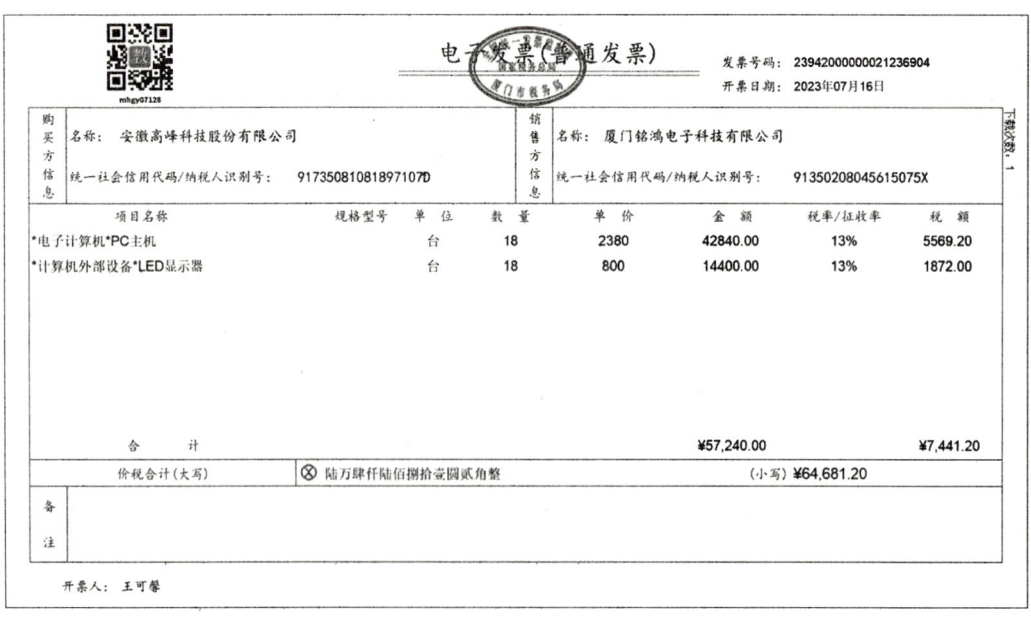

图 4-3　票据影像——电子发票（普通发票）

*票据抬头	电子发票（普通发票）							
销售方	厦门铭鸿电子科技有限公司							
购买方	安徽高赣科技股份有限公司							
发票号码	23942000000021236904							
开票日期	2023-07-16							
备注	备注							
金额	57240							
税额	7441.2							
含税金额	64681.2							
账期	2023-07							

明细信息

操作	项目【明细】	数量【明细】	单价【明细】	金额【明细】	税额【明细】	含税金额【明细】	单位【明细】	建筑项目名称【明细】
查看	LED显示器	18	800	14400	1872	16272	台	
查看	PC主机	18	2380	42840	5569.2	48409.2	台	

图 4-4　票据信息——电子发票（普通发票）

【业务要求】

根据票据影像设置业务票据建模，依次设置【票据类别】【场景类别】【场景配置】【凭证模板】及【科目匹配】。设置完成后，对影像管理中的票据影像进行影像审核，生成记账凭证。设置凭证模板时，对于凭证合并方式，有批次的按批次合并，没有批次的不合并；对于分录合并方式，有批次的完全合并，没有批次的不合并。

活动 4.1.2　知 识 准 备

想一想

销售商品业务会涉及哪些原始凭证？销售商品的账务处理是什么？

知识链接

企业销售的货物主要是自产或者外购的商品、原材料等有形资产。企业在核算一般销售货物业务取得的收入时，记入"主营业务收入""其他业务收入"等科目中。"主营业务收入"科目核算的是企业销售商品等取得的主营业务的收入，而"其他业务收入"科目核算的则是除了主营业务的其他经营活动的收入，如销售材料、出租包装物等。科目的选择要结合企业经营范围、经营性质具体判断。

活动 4.1.3　任务操作

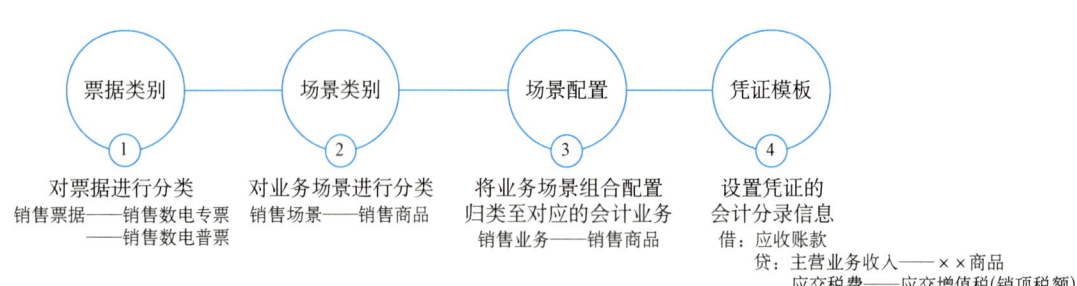

1. 票据类别设置

1）销售数电专票

在【业务票据建模】—【票据类别】下新增大类，主类别名称为"销售票据"（图4-5）。

图 4-5　新增主类别"销售票据"

在【销售票据】主类别下新增细类"销售数电专票"，选择票种"电子发票（增值税专用发票）"。添加筛选操作"@销售方—等于—厦门铭鸿电子科技有限公司"（图4-6）。

图 4-6　新增细类"销售数电专票"

2）销售数电普票

用同样的方法，新增细类"销售数电普票"，选择票种"电子发票（普通发票）"。添加筛选操作"@销售方—等于—厦门铭鸿电子科技有限公司"（图4-7）。

图 4-7 新增细类"销售数电普票"

2. 场景类别设置

销售商品场景设置内容如下。

在【业务票据建模】—【场景类别】下新增大类,主类别名称为"销售场景"(图 4-8)。

图 4-8 新增主类别"销售场景"

在【销售场景】主类别下新增细类,类别名称为"销售商品",选择票种"销售数电专票—电子发票(增值税专用发票)",点击"新增规则",选择票种"销售数电普票—电子发票(普通发票)"(图 4-9)。

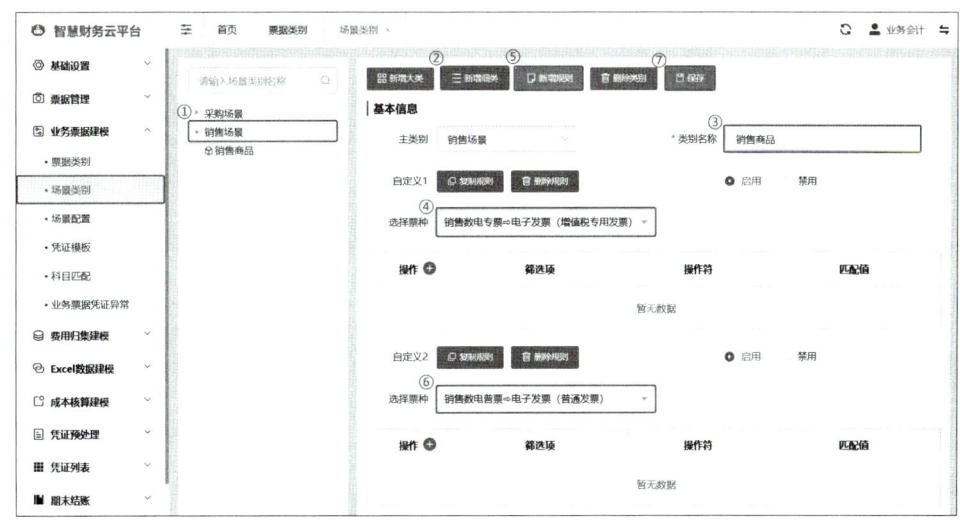

图 4-9 新增细类"销售商品"

想一想

为什么本例中,不需要通过筛选"@项目【明细】"来定义场景?

知识点拨

筛选项的规则设置的主要目的是把属于这一类的原始凭证全部筛选进来,并且排除不属于这一类的原始凭证,从而保证机器人在运行时不会产生歧义。设置规则时应遵循"准确+简洁"的原则。以本案例企业为例,其销售业务目前仅涉及产成品,所以只要开具销售发票,必然就意味着销售商品,没有别的可能性,这种情况下无需添加额外的筛选规则。

如果有的企业既销售商品,又销售材料,还销售服务或者固定资产等,那么不同的销售内容对应的会计分录是不同的,就需要再从场景类别开始,对不同的销售场景通过筛选规则予以区分。

3. 场景配置设置

在【业务票据建模】—【场景配置】下新增大类,主场景名称为"销售业务"(图4-10)。

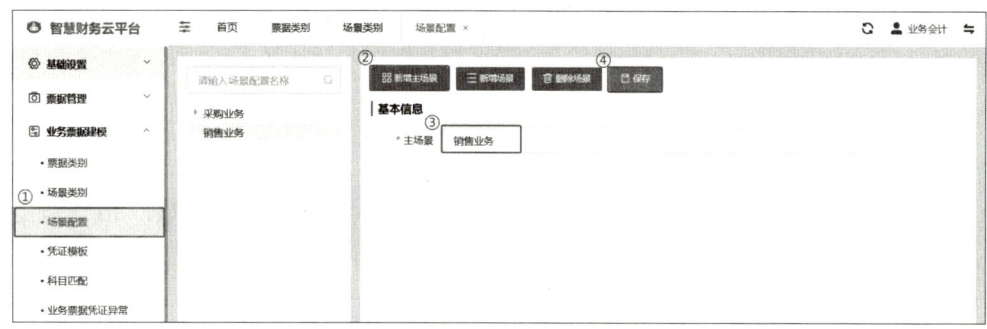

图4-10 新增大类"销售业务"

在【销售业务】主类别中新增场景,场景名称为"销售商品",选择场景类别为"销售场景—销售商品",票据类别选中"销售数电专票"和"销售数电普票"(图4-11)。

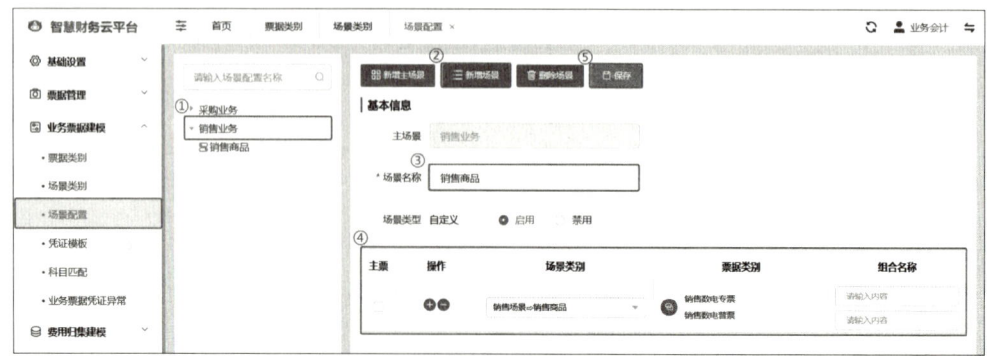

图4-11 新增场景"销售商品"

> **知识点拨**
>
> 销售商品对应的两种发票所涉及的会计分录一致,因此无需设置组合名称。

4. 凭证模板设置

1) 凭证头设置

在【业务票据建模】—【凭证模板】下的会计场景中选择新增"销售商品"模板,凭证头设置如图4-12所示。

图 4-12　凭证头设置

2) 分录设置

摘要可自行填写,如"销售商品",分录设置如图4-13所示。

图 4-13　分录设置

3) 辅助核算

新增应收账款辅助核算时,在客户操作中点击"⊕",在固定栏位选择并添加"@购买方",操作符选择"等于"。辅助核算项"明细"已默认"@项目【明细】",无需修改(图4-14)。

4) 合并及排序

销售商品票据不涉及批次,因此凭证合并方式和分录合并方式均选择"不合并",分录自定义排序可选择启用"借贷方"。

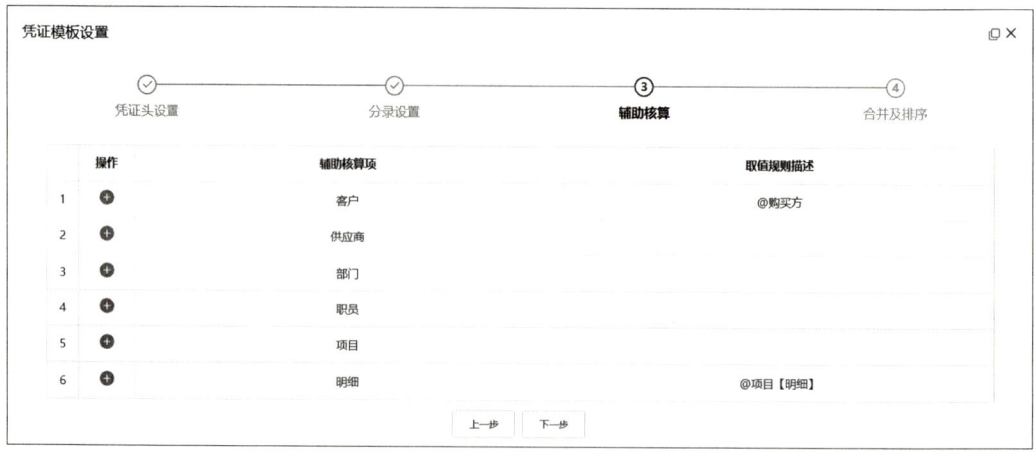

图 4-14 辅助核算

活动 4.1.4 任务实施

勾选销售商品对应的原始凭证,系统将生成 32 张凭证,记账凭证示例如图 4-15 和图 4-16 所示。

摘要	会计科目	借方金额	贷方金额
销售PC主机	1122 应收账款	107,802.00	
销售PC主机	600101 主营业务收入-PC主机		71,400.00
销售LED显示器	600102 主营业务收入-LED显示器		24,000.00
销售PC主机	22210102 应交税费-应交增值税-销项税额		12,402.00
合计:壹拾万柒仟捌佰零贰元整		107,802.00	107,802.00

凭证字 记 37 号　日期:2023-07-17　附单据:1张
客户:江苏燧石科技有限公司
制单人:赵旭

图 4-15 记账凭证示例 1

摘要	会计科目	借方金额	贷方金额
销售LED显示器	1122 应收账款	64,681.20	
销售LED显示器	600102 主营业务收入-LED显示器		14,400.00
销售PC主机	600101 主营业务收入-PC主机		42,840.00
销售LED显示器	22210102 应交税费-应交增值税-销项税额		7,441.20
合计:陆万肆仟陆佰捌拾壹元贰角		64,681.20	64,681.20

凭证字 记 33 号　日期:2023-07-16　附单据:1张
客户:安徽离骑科技股份有限公司
制单人:赵旭

图 4-16 记账凭证示例 2

> 课程思政

"橙计划"展现企业社会责任与担当

随着时代的发展,企业的营销观念在逐渐转变。企业逐渐意识到,销售不能局限于提供普通的产品与服务,或只顾及企业自身的利益,也应该以社会利益为导向。

浙商天港控股集团(以下简称天港集团)是一家以酒店为主体业务,食品和物业为两翼业务的集团。多年来,天港集团始终坚守"以客户为中心,以价值为根本"的核心价值观,以"创造美好生活"为使命,致力于打造可持续发展的百年企业。天港集团以宽广的胸怀积极承担社会责任。天港公益基金旗下公益品牌"橙计划"聚焦服务行业从业人员的留守儿童,成为了公益领域的标杆。"橙计划"是一个在宁波本土孕育并成长起来的公益品牌,一直致力于帮助解决留守儿童问题,打造出一条"企业发起,政府扶助与支持,社会力量参与"的完整公益生态链,百余名留守儿童受益,年均投入近百万元,为"如何帮助留守儿童"提供了一个模板,被政府部门评价为关爱留守儿童的"宁波模式""宁波方法"。天港集团在自身发展的同时不忘回馈社会,关注留守儿童,使企业在竞争激烈的市场环境中,不仅树立了良好的企业形象,同时彰显了企业的社会责任感。企业在开展营销管理过程中,要秉承正确的思想和观念,妥善处理好企业、顾客、社会及其利益相关者之间的关系。

课证融通

请依托财务机器人应用"1+X"职业技能等级证书实训平台,完成下列练习。

1. 2024年9月,徐州佳和美商贸有限公司发生销售商品业务,财务部开出数电发票7张。

要求:根据徐州佳和美商贸有限公司提供的企业背景、业务情景和业务票据相关信息,针对2024年9月发生的销售商品业务,在财务机器人云平台上建立业务票据模型并自动生成记账凭证(账期:2024年9月;凭证合并方式:不合并;分录合并方式:相同方向合并)。

二维码 4-1

2. 2024年10月,福州诚鑫装修有限公司发生销售材料业务,财务部开具数电发票1张。

要求:根据福州诚鑫装修有限公司提供的企业背景、业务情景和业务票据相关信息,针对2024年10月发生的销售材料业务,在财务机器人云平台上建立业务票据模型并自动生成记账凭证(账期:2024年10月;凭证合并方式:不合并;分录合并方式:不合并)。

二维码 4-2

3. 2024年11月,上海泰鼎网络科技有限公司发生提供软件开发服务业务,财务部开具数电发票4张。

要求:根据上海泰鼎网络科技有限公司提供的企业背景、业务情景和业务票据相关信息,针对2024年11月发生的提供软件开发服务业务,在财务机器人云平台上建立业务票据模型并自动生成记账凭证(账期:2024年11月;凭证合并方式:不合并;分录合并方式:不合并)。

二维码 4-3

二维码 4-4

4. 2024年12月,江苏旺丰物流有限公司发生提供运输服务业务,财务部开具数电发票5张。

要求:根据江苏旺丰物流有限公司提供的企业背景、业务情景和业务票据相关信息,针对2024年12月发生的提供运输服务业务,在财务机器人云平台上建立业务票据模型并自动生成记账凭证(账期:2024年12月;凭证合并方式:不合并;分录合并方式:不合并)。

二维码 4-5

5. 2024年9月,江苏旺丰物流有限公司发生提供仓储服务业务,财务部开具数电发票1张。

要求:根据江苏旺丰物流有限公司提供的企业背景、业务情景和业务票据相关信息,针对2024年9月发生的提供仓储服务业务,在财务机器人云平台上建立业务票据模型并自动生成记账凭证(账期:2024年9月;凭证合并方式:不合并;分录合并方式:不合并)。

二维码 4-6

6. 2024年11月,上海泰鼎网络科技有限公司发生提供专利权使用费业务,财务部开具数电发票1张。

要求:根据上海泰鼎网络科技有限公司提供的企业背景、业务情景和业务票据相关信息,针对2024年11月发生的专利权使用费业务,在财务机器人云平台上建立业务票据模型并自动生成记账凭证(账期:2024年11月;凭证合并方式:不合并;分录合并方式:不合并)。

二维码 4-7

7. 2024年10月,福州诚鑫装修有限公司发生提供设备租赁服务业务,财务部开具数电发票1张。

要求:根据福州诚鑫装修有限公司提供的企业背景、业务情景和业务票据相关信息,针对2024年10月发生的提供设备租赁服务业务,在财务机器人云平台上建立业务票据模型并自动生成记账凭证(账期:2024年10月;凭证合并方式:不合并;分录合并方式:不合并)。

二维码 4-8

8. 2024年11月,厦门信德工业有限公司发生提供厂房租赁服务、收取租赁费业务,财务部开具数电发票1张,收到银行回单1张。

要求:根据厦门信德工业有限公司提供的企业背景、业务情景和业务票据相关信息,针对2024年11月发生的提供厂房租赁服务、收取租赁费业务,在财务机器人云平台上建立以下业务票据模型并自动生成记账凭证(账期:2024年11月;凭证合并方式:不合并;分录合并方式:不合并)。

(1)建立提供厂房租赁服务业务票据模型;

(2)建立收取租赁服务款业务票据模型。

模块 5 往来业务建模——案例实操

知识目标

(1) 了解往来业务的含义和内容
(2) 明确往来业务的原始凭证，掌握往来业务的账务处理
(3) 明确往来业务建模的主要步骤

技能目标

(1) 能进行收付货款业务建模操作
(2) 能进行缴纳税费业务建模操作
(3) 能进行其他应付款项业务建模操作
(4) 能应用财务机器人对往来业务自动生成凭证

素养目标

(1) 培养客观公正、诚实守信的职业理念
(2) 培养学生的数据素养，促进其形成数据的辨识能力

思维导图

模块5 往来业务建模——案例实操
- 任务5.1 支付货款业务建模
- 任务5.2 支付员工工资业务建模
- 任务5.3 缴纳税费、社保及工会经费业务建模
- 任务5.4 员工申请出差借款业务建模
- 任务5.5 支付报销款及员工出差借款业务建模
- 任务5.6 支付房租费、水电费业务建模
- 任务5.7 支付银行手续费业务建模
- 任务5.8 收到货款业务建模

项目导入

企业往来业务是企业经营活动的重要组成部分,也是企业与外部市场和供应链之间的桥梁和纽带,直接反映了企业交易和商业活动的规模。企业往来业务需要遵守财务、税务等相关法规,并且在会计账簿中进行记录和核算。学生在学习本章的时候,需要重点掌握业务票据建模时的票种选择和科目匹配、辅助核算的应用。本章的难点在于会计科目选择和辅助核算的匹配。

往来业务包括个人往来业务和公司往来业务。个人往来业务是指企业与单位内部职工发生的往来业务。例如,员工因公出差,向公司预支差旅费,即属于个人往来业务。当差旅活动结束时,差旅费按实际发生金额多还少补,涉及的会计科目可能有"其他应收款""其他应付款"等。公司往来业务是指企业与外单位发生的各种债权债务业务,其分为与客户往来业务和与供应商往来业务,涉及的会计科目可能有"应收账款""应付账款""预付账款""预收账款"等。

厦门铭鸿科技有限公司本月发生了支付货款、支付员工工资、支付借款及报销款、缴纳税费、支付费用和收到货款等往来业务。往来业务涉及的业务场景较多,本章的学习重点在于不同业务场景的筛选条件设置,难点在于税费、社保及工会经费缴纳业务中科目匹配的设置。

任务 5.1 支付货款业务建模

活动 5.1.1 任务描述

【业务情景】

2023年7月,厦门铭鸿电子科技有限公司与供应商发生货款结算业务。财务部取得银行付款回单15张。

【业务票据】

(1)银行回单票据影像(图5-1)。
(2)银行回单票据信息(图5-2)。

【业务要求】

根据票据影像设置业务票据建模,依次设置【票据类别】【场景类别】【场景配置】【凭证模板】以及【科目匹配】。设置完成后,对影像管理中的票据影像进行影像审核,生成记账凭证。设置凭证模板时,对于凭证合并方式,有批次的按批次合并,没有批次的不合并;对

国内支付业务付款回单

客户号：1179682870　　　　　　　日期：2023年07月19日
付款人账号：621600152365　　　　收款人账号：11000763213658900921
付款人名称：厦门铭鸿电子科技有限公司　　收款人名称：厦门芯片电子科技有限公司
付款人开户行：中国银行厦门分行　　收款人开户行：中国工商银行厦门园博支行
金额：CNY 90,000.00
人民币 玖万元整

业务种类：A100-普通汇　业务编码：16447201　　凭证号码：3035411364576
用途：货款
备注：
附言：

交易机构：21465　　交易渠道：其他　交易流水号：2166218　经办：
回单编号：28922624　回单验证：15BED3441581GHLK9577EI　打印次数（次）

自助打印，请妥善保管

打印时间：2023/07/19 10:45:51 打印次数：1（自助打印，注意重复）
盖章验证：17BED4939990GHLK9093

图 5-1　票据影像——银行回单

票据信息　　票据明细

票据抬头：国内支付业务付款回单
付款方名称：厦门铭鸿电子科技有限公司
收款方名称：厦门芯片电子科技有限公司
付款方账号：621600152365
收款方账号：11000763213658900921
交易日期：2023-07-19
摘要：货款
金额：90000
含税金额：90000
批次号：批次号

图 5-2　票据信息——银行回单

于分录合并方式,有批次的完全合并,没有批次的不合并。

活动 5.1.2 知识准备

想一想

支付货款业务会涉及哪些原始凭证?支付货款的账务处理是什么?

知识链接

企业应设置"应付账款"账户,核算企业因购买材料、商品和接受劳务等经营活动应支付的款项。当支付货款并取得银行回单时,借记"应付账款"科目,贷记"银行存款"等科目。

活动 5.1.3 任务操作

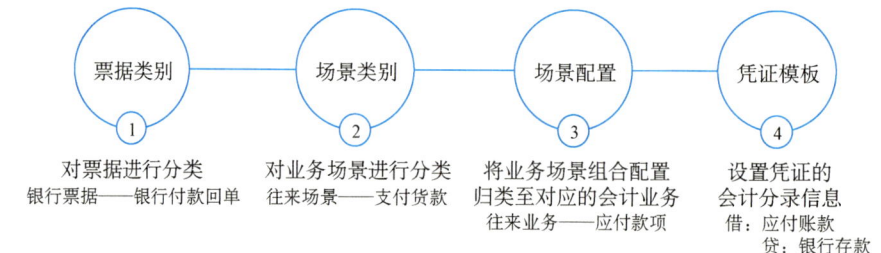

① 票据类别 — 对票据进行分类 银行票据——银行付款回单

② 场景类别 — 对业务场景进行分类 往来场景——支付货款

③ 场景配置 — 将业务场景组合配置归类至对应的会计业务 往来业务——应付款项

④ 凭证模板 — 设置凭证的会计分录信息 借:应付账款 贷:银行存款

1. 票据类别设置

银行付款回单票据类别设置内容如下。

在【业务票据建模】—【票据类别】下新增大类,主类别名称为"银行票据"(图5-3)。

图 5-3 新增主类别"银行票据"

在【银行票据】主类别下新增细类"银行付款回单",选择票种"银行回单"。添加筛选操作"@付款方名称—等于—厦门铭鸿电子科技有限公司"(图5-4)。

图5-4　新增细类"银行付款回单"

> **知识点拨**
>
> 对企业而言,取得的银行回单有可能是收款回单也有可能是付款回单,且对应的账务处理是不相同的。因此需要增加筛选条件"@付款方名称—等于—主体企业名称",作为采购数电专票的筛选匹配值。

2. 场景类别设置

收到货款场景类别设置内容如下。

在【业务票据建模】—【场景类别】下新增大类,主类别名称为"往来场景"(图5-5)。

图5-5　新增主类别"往来场景"

在【往来场景】主类别下新增细类,类别名称为"支付货款",选择票种"银行付款回单—银行回单"。添加筛选操作"@摘要—包含—货款"(图5-6)。

> **知识点拨**
>
> 银行回单类票据的不同用途在票据信息中机器人识别为"摘要"(对应票据信息如图5-2所示)。摘要是人为确定的,与企业名称不同,填写摘要没有那么严格的要求,财务机器人通常使用"包含"操作符,提取出同类场景的关键字即可。

图 5-6 新增细类"支付货款"

3. 场景配置设置

在【业务票据建模】—【场景配置】下新增大类,主类别名称为"往来业务"(图 5-7)。

图 5-7 新增主类别"往来业务"

在【往来业务】主类别中新增场景,场景名称为"应付款项",选择场景类别为"往来场景—支付货款",票据类别选中"银行付款回单"(图 5-8)。

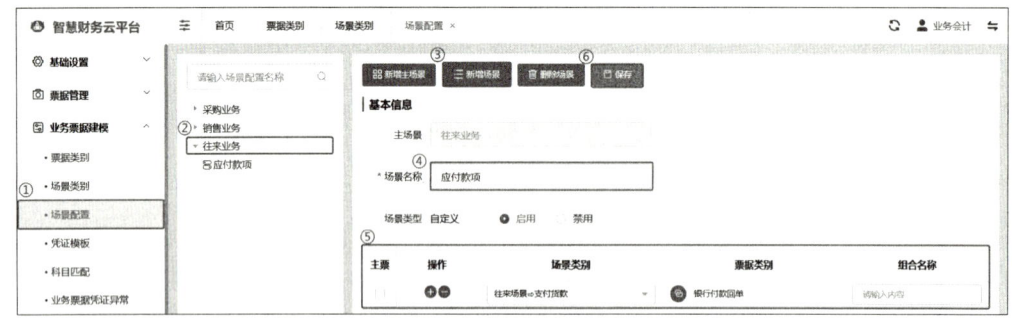

图 5-8 新增场景"应付款项"

> **知识点拨**
>
> 场景配置的思路主要是区分不同的会计场景,会计分录一样的业务都可以归为同一个会计场景。这里把场景名称设置为"应付款项"而不是"收到货款",是因为后面还有其他业务跟本业务采用相同的会计处理(见任务 5.6)。这些业务都可以放在同一个会计场景中,所以可以选择一个范围大一点的场景名称。

4. 凭证模板设置

1）凭证头设置

在【业务票据建模】—【场景配置】下的会计场景中，选择新增支付货款模板，凭证头设置如图5-9所示。

图5-9　凭证头设置

2）分录设置

摘要可自行填写，如"支付@摘要"，分录设置如图5-10所示。

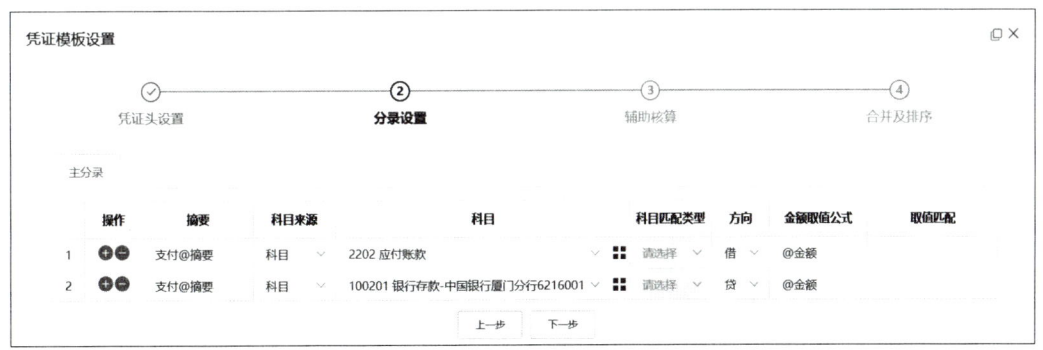

图5-10　分录设置

> **知识点拨**
>
> 本案例只设一个开户银行，只用该银行收付款，因此科目可直接设置为"银行存款"。若存在多个银行账户，可将科目来源设置为"银行"，科目设置为"付款人账号"或"收款人账号"。

3）辅助核算

新增应付账款辅助核算时，在供应商操作中点击"⊕"，在固定栏位选择并添加"@收款方名称"，操作符选择"等于"。辅助核算项"明细"已默认设置为"@项目【明细】"，无需修改（图 5-11）。

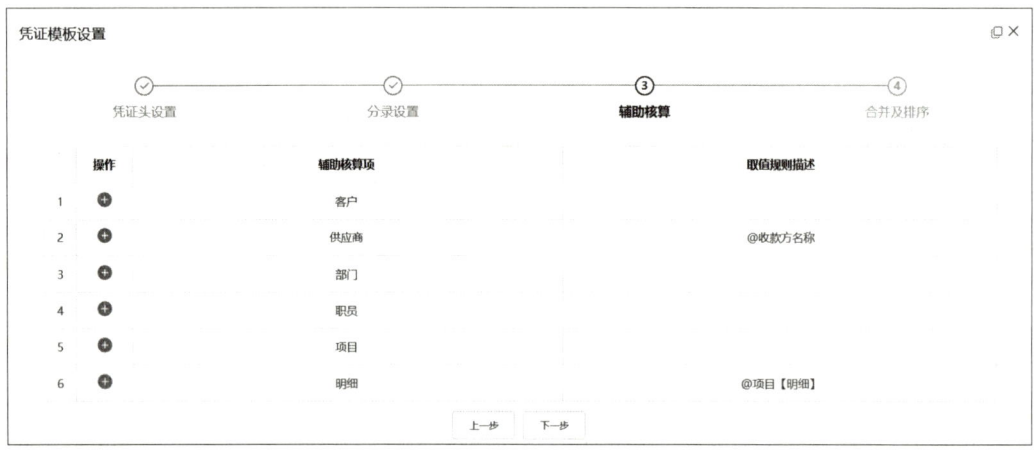

图 5-11　辅助核算

4）合并及排序

支付货款票据不涉及批次，因此凭证合并方式和分录合并方式均选择"不合并"，分录自定义排序可选择启用"借贷方"。

活动 5.1.4　任务实施

勾选支付货款对应的原始凭证，系统将生成 15 张凭证，记账凭证示例如图 5-12 所示。

摘要	会计科目	借方金额	贷方金额
支付货款	2202 应付账款	90,000.00	
支付货款	100201 银行存款-中国银行厦门分行621600152365		90,000.00
合计：玖万元整		90,000.00	90,000.00

凭证字 记 63 号　　日期：2023-07-19　　附单据：1张

供应商：厦门芯片电子科技有限公司
制单人：赵旦

图 5-12　记账凭证示例

任务 5.2 支付员工工资业务建模

活动 5.2.1 任务描述

【业务情景】

2023年7月,厦门铭鸿电子科技有限公司发生支付员工工资业务。财务部取得银行付款回单1张。

【业务票据】

(1) 银行回单票据影像(图5-13)。

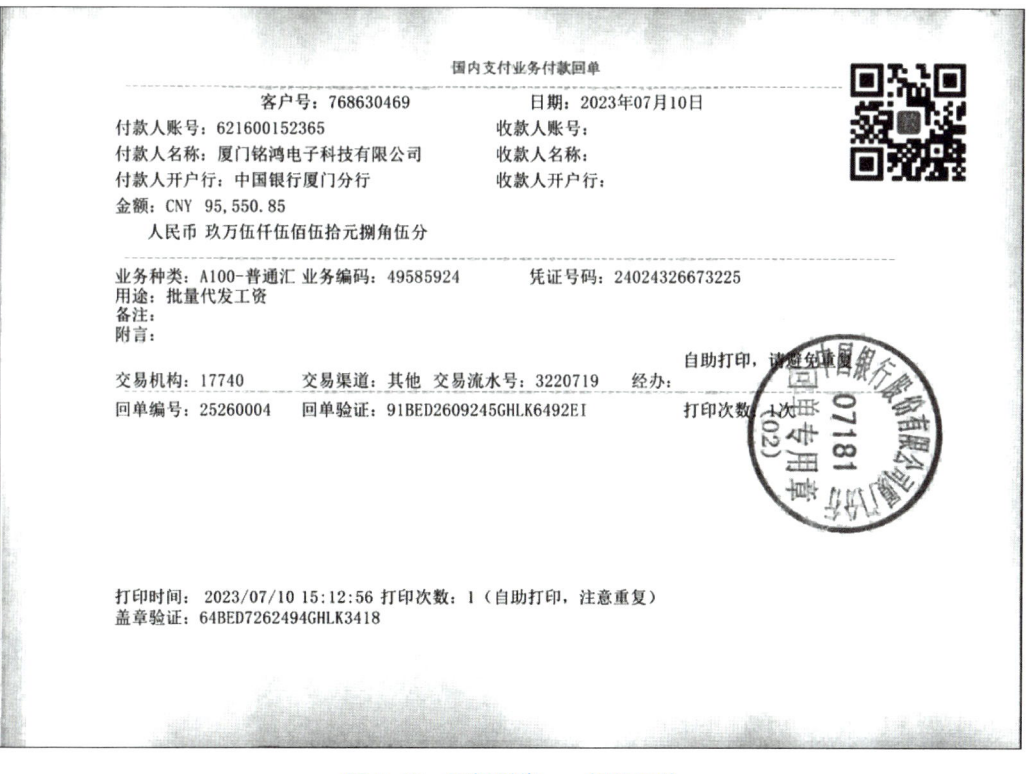

图5-13 票据影像——银行回单

（2）银行回单票据信息（图 5-14）。

图 5-14　票据信息——银行回单

【业务要求】

根据票据影像设置业务票据建模，依次设置【票据类别】【场景类别】【场景配置】【凭证模板】以及【科目匹配】。设置完成后，对影像管理中的票据影像进行影像审核，生成记账凭证。设置凭证模板时，对于凭证合并方式，有批次的按批次合并，没有批次的不合并；对于分录合并方式，有批次的完全合并，没有批次的不合并。

活动 5.2.2　知识准备

想一想

支付员工工资的账务处理是什么？

知识链接

企业发放工资，通常通过银行转账方式直接转入职工的银行存款账户，在取得银行回单时，借记"应付职工薪酬——工资"科目，贷记"银行存款"科目。

活动 5.2.3 任务操作

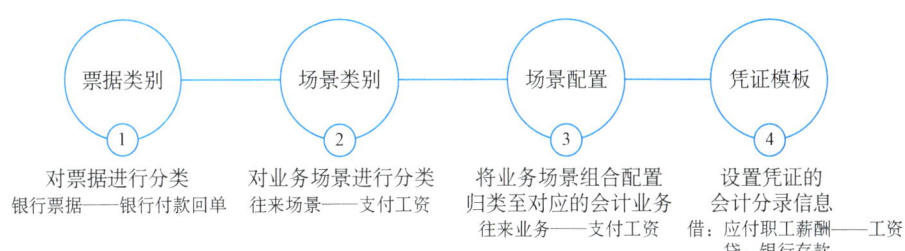

1. 票据类别设置

银行付款回单已在活动 5.1.3 票据类别设置中设置，无需重复操作。

2. 场景类别设置

支付工资场景类别设置的内容如下。

在【往来场景】主类别下新增细类，类别名称为"支付工资"，选择票种"银行付款回单—银行回单"。添加筛选操作操作"@摘要—包含—代发工资"（图 5-15）。

图 5-15　新增细类"支付工资"

3. 场景配置设置

在【往来业务】主类别中新增场景，场景名称为"支付工资"，选择场景类别为"往来场景—支付工资"，票据类别选中"银行付款回单"（图 5-16）。

图 5-16　新增场景"支付工资"

4. 凭证模板设置

1) 凭证头设置

在【业务票据建模】—【场景配置】下的会计场景中选择新增"支付工资"模板,凭证头设置如图 5-17 所示。

图 5-17　凭证头设置

2) 分录设置

摘要可自行填写,如"@摘要",分录设置如图 5-18 所示。

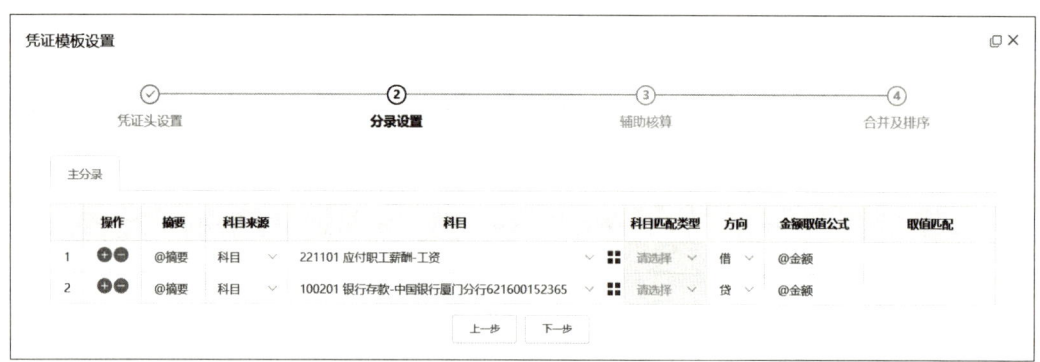

图 5-18　分录设置

3) 辅助核算

辅助核算项"明细"已默认设置为"@项目【明细】",无需修改。

4) 合并及排序

支付工资票据不涉及批次,因此凭证合并方式和分录合并方式均选择"不合并",分录自定义排序可选择启用"借贷方"。

活动 5.2.4　任务实施

勾选支付工资对应的原始凭证,系统将生成 1 张凭证,如图 5-19 所示。

	记账凭证			
凭证字 记 75 号	日期：2023-07-10			附单据：1张
摘要	会计科目		借方金额	贷方金额
批量代发工资	221101 应付职工薪酬-工资		95,550.85	
批量代发工资	100201 银行存款-中国银行厦门分行621600152365			95,550.85
合计：玖万伍仟伍佰伍拾元捌角伍分			95,550.85	95,550.85
制单人：赵姐				

图 5-19　记账凭证

任务 5.3　缴纳税费、社保及工会经费业务建模

活动 5.3.1　任务描述

【业务情景】

2023 年 7 月，厦门铭鸿电子科技有限公司进行工会经费、增值税、附加税、企业所得税、个人所得税、印花税、社保费和工会经费的缴纳。财务部缴纳完成缴纳后，取得相应原始凭证，共计 7 张银行缴税付款凭证。

【业务票据】

（1）银行回单（以附加税单据为例）票据影像（图 5-20）。
（2）银行回单（以附加税单据为例）票据信息（图 5-21）。

【业务要求】

根据票据影像设置业务票据建模，依次设置【票据类别】【场景类别】【场景配置】【凭证模板】以及【科目匹配】。设置完成后，对影像管理中的票据影像进行影像审核，生成记账凭证。在设置凭证模板时，对于凭证合并方式，有批次的按批次合并，没有批次的不合并；对于分录合并方式，有批次的完全合并，没有批次的不合并。

财务机器人应用

```
                        国内支付业务付款回单
            客户号：552942998              日期：2023年07月15日
        付款人账号：621600152365
        付款人名称：厦门铭鸿电子科技有限公司    收款人账号：
        付款人开户行：中国银行厦门分行         收款人名称：国家金库厦门市支库
                                          收款人开户行：
        金额：CNY 2,137.27
        人民币 贰仟壹佰叁拾柒元贰角柒分

        业务种类：实时缴费    业务编码：23597547    凭证号码：55990733712678
        用途：附加税
        纳税人识别号：9135020804561507 缴款书交易流水号：3366  税票号码：80976710186787
        纳税人全称：厦门铭鸿电子科技有限公司
        征收机关名称：厦门市湖里区税务局
        收款国库（银行）名称：国家金库厦门市支库
        税（费）种名称      所属日期              实缴金额
        教育费附加          2023/06/01-2023/06/30  CNY534.32
        城市维护建设税      2023/06/01-2023/06/30  CNY1,246.74
        地方教育附加        2023/06/01-2023/06/30  CNY356.21

        交易机构：18031   交易渠道：其他  交易流水号：2063020   经办：
                                                            自助打印，请避免重复
        回单编号：27415935  回单验证：40BED4670435GHLK9637EI   打印次数：1次

        打印时间：2023/07/15 14:43:51 打印次数：1（自助打印，注意重复）
        盖章验证：67BED2915298GHLK7106
```

图 5-20　票据影像——银行回单

票据信息		票据明细	
票据抬头	国内支付业务付款回单	项目【明细】	操作
付款方名称	厦门铭鸿电子科技有限公司	城市维护建设税	修改
收款方名称	国家金库厦门市支库	地方教育附加	修改
付款方账号	621600152365	教育费附加	修改
收款方账号	收款方账号		
交易日期	2023-07-15		
摘要	附加税		
金额	2137.27		
含税金额	2137.27		
批次号	批次号		

查看
* 项目【明细】 城市维护建设税
金额【明细】 1246.74
含税金额【明细】 1246.74

图 5-21　票据信息——银行回单

模块 5　往来业务建模——案例实操

活动 5.3.2　知识准备

想一想

缴纳税费、社保及工会经费业务的账务处理是什么？

知识链接

企业在一定时期内取得的营业收入和实现的利润,要按规定向国家缴纳税费。这些应缴纳的税费,按权责发生制原则应预提至相应账户。

企业缴纳税费、社保及工会经费,根据取得的银行付款回单,贷方都记入"银行存款"账户,借方则根据缴纳项目记入不同账户,此时需要设置一个匹配规则,让机器人可以根据规则智能生成票据。

活动 5.3.3　任务操作

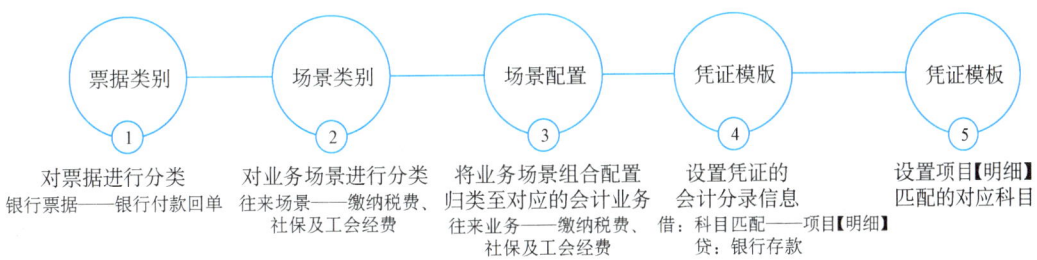

① 票据类别
对票据进行分类
银行票据——银行付款回单

② 场景类别
对业务场景进行分类
往来场景——缴纳税费、社保及工会经费

③ 场景配置
将业务场景组合配置归类至对应的会计业务
往来业务——缴纳税费、社保及工会经费

④ 凭证模版
设置凭证的会计分录信息
借：科目匹配——项目【明细】
贷：银行存款

⑤ 凭证模版
设置项目【明细】匹配的对应科目

1. 票据类别设置

银行付款回单已在活动 5.1.3 票据类别设置中设置,无需重复操作。

2. 场景类别设置

缴纳税费、社保及工会经费场景类别设置的内容如下。

在往来场景主类别下新增细类,类别名称为"缴纳税费、社保及工会经费",选择票种"银行付款回单—银行回单"。添加筛选操作"@摘要—包含—税",点击"复制规则",设置另外两条筛选规则为"@摘要—包含—社保"和"@摘要—包含—工会"(图 5-22)。

知识点拨

本案例涉及的税费有增值税、附加税、个人所得税、企业所得税和印花税,对应的摘要分别有增值税、附加税、个人所得税、企业所得税、印花税。因此,设置筛选规则为"@摘要—包含—税",此规则可以覆盖所有缴税的银行回单,同时避免包含其他场景的银行回单。

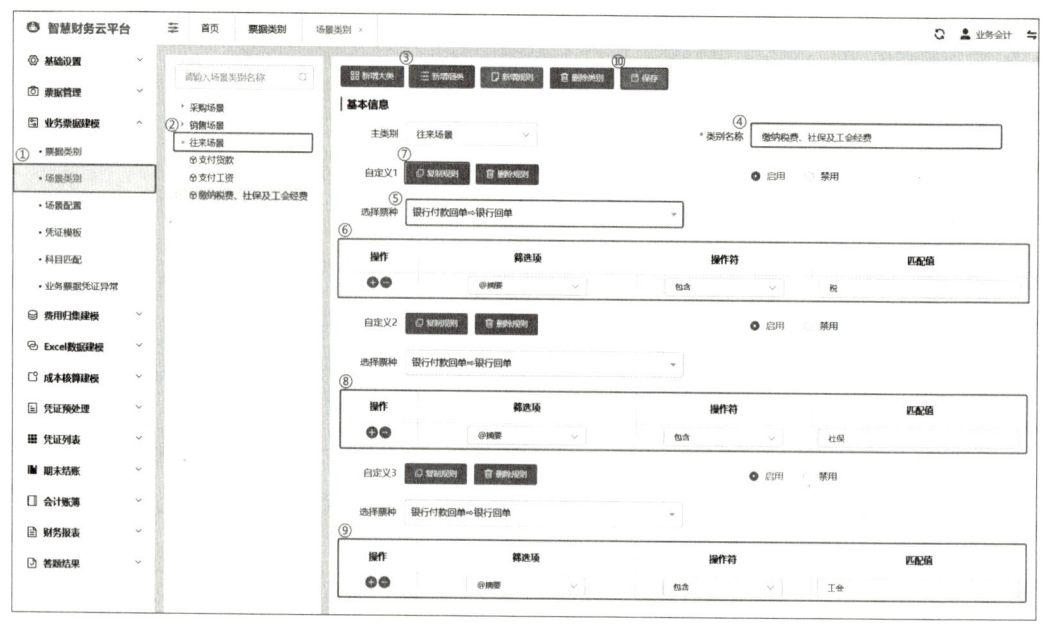

图 5-22　新增细类"缴纳税费、社保及工会经费"

> 通过"新建规则"或者"复制规则"来增加筛选条件，表示"或"的关系。本场景解释为，"@摘要"中包含"税"或者包含"社保"或者包含"工会"。满足其中一条，即可判断业务属于缴纳税费、社保及工会经费场景。

3. 场景配置设置

在【往来业务】主类别中新增场景，场景名称为"缴纳税费、社保及工会经费"，选择场景类别为"往来场景—缴纳税费、社保及工会经费"，票据类别选中"银行付款回单"（图 5-23）。

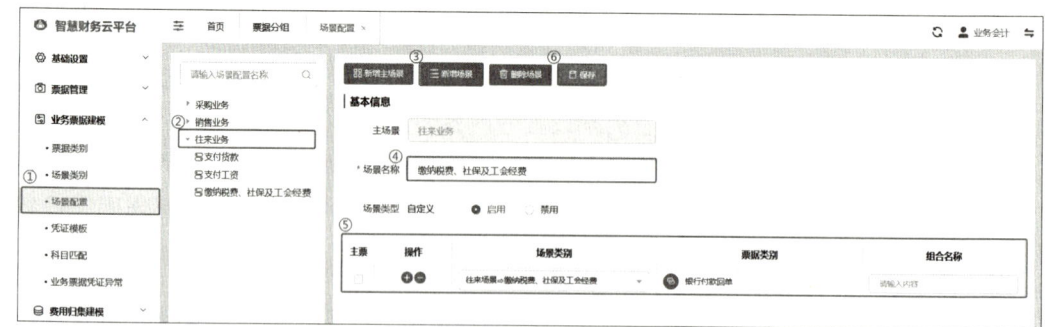

图 5-23　新增场景"缴纳税费、社保及工会经费"

4. 凭证模板设置

1）凭证头设置

在【业务票据建模】—【场景配置】下的会计场景中选择新增"缴纳税费、社保及工会经费"模板，凭证头设置如图 5-24 所示。

模块 5　往来业务建模——案例实操

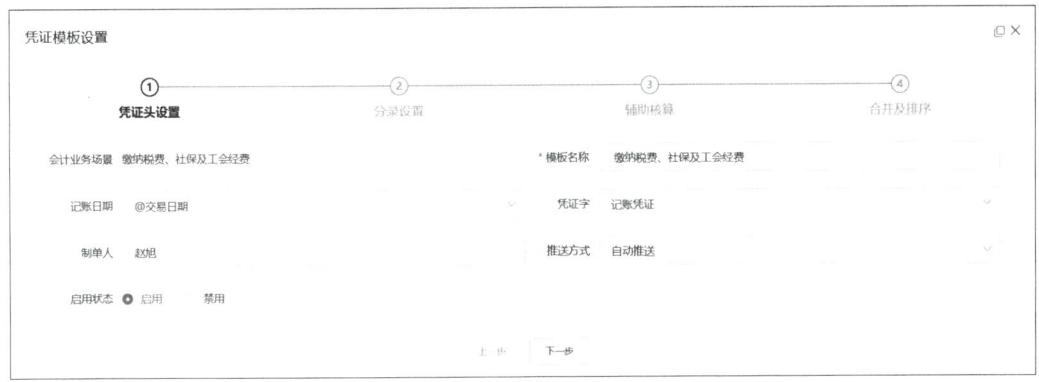

图 5-24　凭证头设置

2）分录设置

摘要可自行填写,如"缴纳@摘要",分录设置中借方科目来源选择"科目匹配",借方科目选择"@项目【明细】",贷记"银行存款"科目,金额取值公式均为"@金额"(图 5-25)。

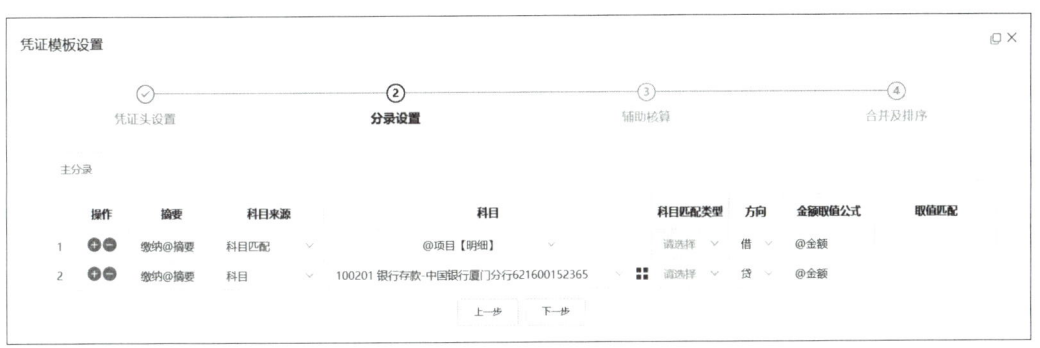

图 5-25　分录设置

> **知识点拨**
>
> 该处科目来源选择"科目匹配",在【业务票据建模】—【科目匹配】模块设置相应的匹配项,系统将自动匹配明细科目。只有能识别出具体项目【明细】的银行回单,才能使用科目匹配进行分录设置(图 5-21)。所有银行回单业务中,只有本任务涉及的税费、社保费及工会经费缴纳能够识别项目【明细】。

3）辅助核算

辅助核算项"明细"已默认设置为"@项目【明细】",无需修改。

4）合并及排序

缴纳税费、社保及工会经费票据不涉及批次,因此,凭证合并方式和分录合并方式均选择"不合并",分录自定义排序可选择启用"借贷方"。

5. 科目匹配设置

在【业务票据建模】—【科目匹配】下,点击"新增"按钮,设置相应的科目匹配项

(图 5-26 和图 5-27)。

图 5-26　点击"新增"

图 5-27　设置相应的科目匹配项

> **知识点拨**
>
> 以教育费附加为例,票据项目【明细】为"教育费附加"(图 5-21),对应设置的科目信息为"应交税费——应交教育费附加"(图 5-26)。设置完成后,财务机器人就会在凭证模板的分录设置中自动将项目【明细】匹配至对应科目(图 5-25)。

活动 5.3.4　任务实施

勾选缴纳税费、社保及工会经费对应的原始凭证，系统将生成 7 张凭证，记账凭证示例如图 5-28 所示。

凭证字 记 82 号	记账凭证 日期：2023-07-15		附单据：1 张
摘要	会计科目	借方金额	贷方金额
缴纳附加税	222105 应交税费-应交教育费附加	534.32	
缴纳附加税	222106 应交税费-应交地方教育附加	356.21	
缴纳附加税	222104 应交税费-应交城市维护建设税	1,246.74	
缴纳附加税	100201 银行存款:中国银行厦门分行621600152365		2,137.27
合计：贰仟壹佰叁拾柒元贰角柒分		2,137.27	2,137.27
制单人：赵姐			

图 5-28　记账凭证示例

任务 5.4　员工申请出差借款业务建模

活动 5.4.1　任务描述

【业务情景】

2023 年 7 月，厦门铭鸿电子科技有限公司发生一笔销售部职员许萍鑫因公出差借款业务。财务部收到借款单 1 张。

【业务票据】

（1）借款单票据影像（图 5-29）。
（2）借款单票据信息（图 5-30）。

【业务要求】

根据票据影像设置业务票据建模，依次设置【票据类别】【场景类别】【场景配置】【凭证模板】以及【科目匹配】。设置完成后，对影像管理中的票据影像进行影像审核，生成记账凭证。设置凭证模板时，对于凭证合并方式，有批次的按批次合并，没有批次的不合并；对于分录合并方式，有批次的完全合并，没有批次的不合并。

借款人	许萍鑫	所属部门	销售部
借款事由	因公出差借款	支付方式	银行转账
借款金额	人民币（大写）：贰仟元整		¥2000.00

日期：2023年7月12日

白联：财务联　红联：借款人

行政主管：张强承　　财务审核：钟莉　　部门主管：张强承　　借款人：许萍鑫

图 5-29　票据影像——借款单

票据信息	票据明细
票据抬头	借款单
借款人	许萍鑫
交易日期	2023-07-12
用途	因公出差借款
支付方式	银行转账
金额	2000
含税金额	2000
批次号	批次号

图 5-30　票据信息——借款单

活动 5.4.2　知识准备

想一想

员工因公借款的账务处理是什么？

模块 5　往来业务建模——案例实操

> **知识链接**
>
> 　　员工出差借款一般涉及的票据有借款单、银行业务回单、报销单以及出差过程中取得的各类发票。
> 　　员工申请出差借款的单据为借款单。由于财务机器人的做账思路是按单据分解，即一张单据对应一笔会计分录，便于自动化批量生成凭证。员工借款业务的账务处理中，机器人录入凭证与人工录入凭证有所区别，两者的对比如表 5-1 所示。
>
> 表 5-1　员工出差借款账务处理对比
>
> | 人工录入凭证 | 机器人录入凭证 |
> |---|---|
> | 原始凭证：借款单、银行付款回单
账务处理：
借：其他应收款——××职员
　　贷：银行存款 | 原始凭证：借款单
账务处理：
借：其他应收款——××职员
　　贷：其他应付款——××职员

原始凭证：银行付款回单
账务处理：
借：其他应付款——××职员
　　贷：银行存款 |

活动 5.4.3　任务操作

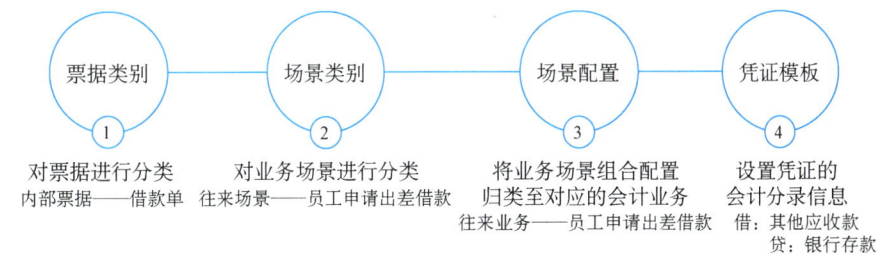

1. 票据类别设置

借款单的票据类别设置内容如下。

在【内部票据】主类别下新增细类"借款单"，选择票种"借款单"（图 5-31）。

2. 场景类别设置

员工申请出差借款场景类别设置内容如下。

在【往来场景】主类别下新增细类，类别名称为"员工申请出差借款"，选择票种"借款单—借款单"，添加筛选操作"@用途—包含—出差借款"（图 5-32）。

图 5-31 新增细类"借款单"

图 5-32 新增细类"员工申请出差借款"

3. 场景配置设置

在【往来业务】主类别中新增场景,场景名称为"员工申请出差借款",选择场景类别为"往来场景—员工申请出差借款",票据类别选中"借款单"(图 5-33)。

图 5-33 新增场景"员工申请出差借款"

4. 凭证模板设置

1) 凭证头设置

在【业务票据建模】—【场景配置】下的会计场景中选择新增"员工申请出差借款"模板,凭证头设置如图 5-34 所示。

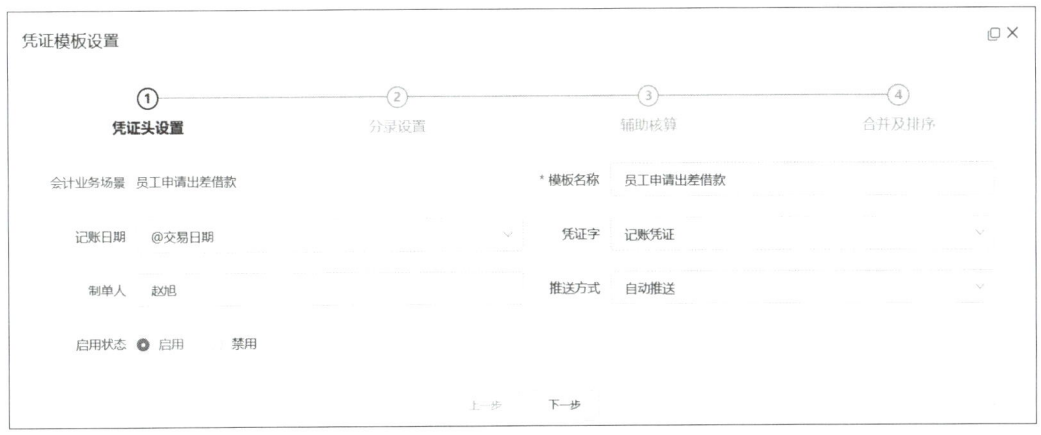

图 5-34　凭证头设置

2）分录设置

摘要可自行填写,如"@借款人@用途",分录设置如图 5-35 所示。

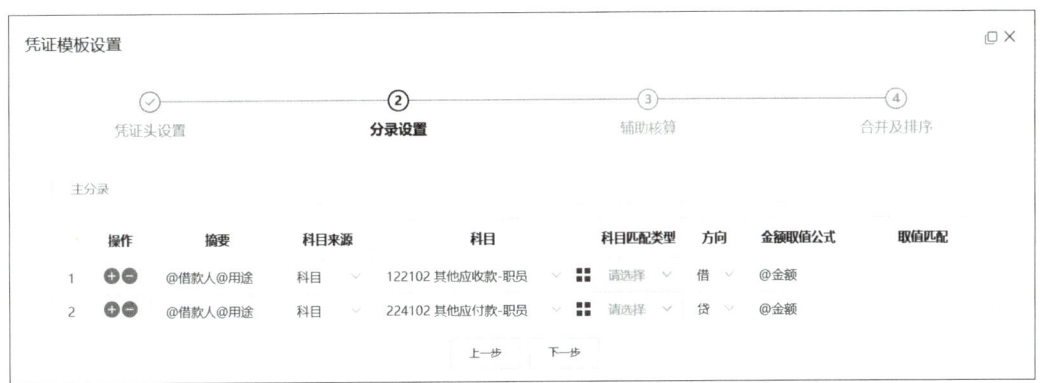

图 5-35　分录设置

> **知识点拨**
>
> 借款单有银行转账和现金两种支付方式。银行转账贷记"其他应付款——职员"科目,现金支付贷记"库存现金"科目。本案例目前只涉及银行转账,后续月份如果出现现金支付,可以修改凭证模板,使用取值匹配的方法,增加一行贷记"库存现金"科目分录,由机器人按照规则自动匹配。

3）辅助核算

新增"其他应收款——职员"和"其他应付款——职员"辅助核算项。在职员操作中,点击⊕,固定栏位选择并添加"@借款人",操作符选择"等于"。辅助核算项"明细"已默认设置为"@项目【明细】",无需修改(图 5-36)。

4）合并及排序

员工申请出差借款票据不涉及批次,因此,凭证合并方式和分录合并方式均选择"不合并",分录自定义排序可选择启用"借贷方"。

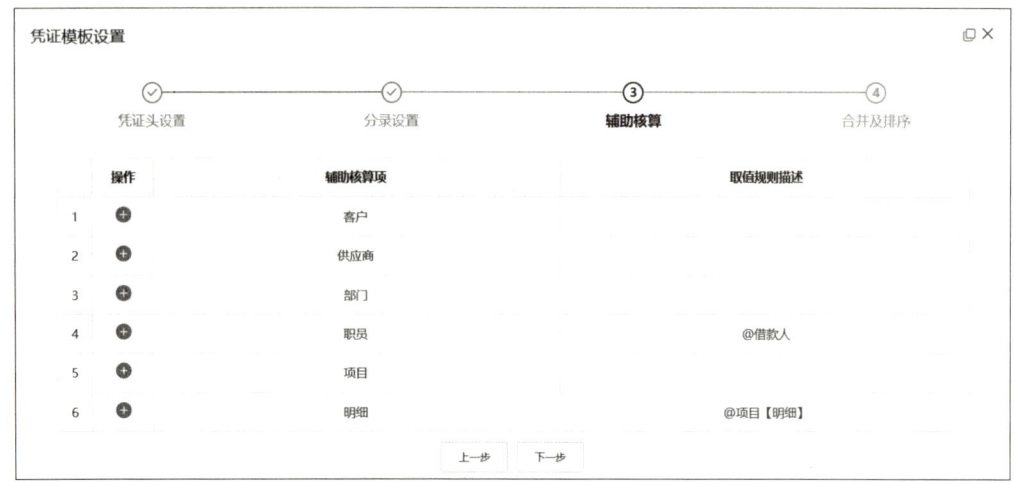

图 5-36 辅助核算

活动 5.4.4 任务实施

勾选员工申请出差借款对应的原始凭证,系统将生成 1 张凭证(图 5-37)。

图 5-37 记账凭证

任务 5.5 支付报销款及员工出差借款业务建模

活动 5.5.1 任务描述

【业务情景】

2023 年 7 月,厦门铭鸿电子科技有限公司发生支付报销款和支付出差借款业务。财务部收到银行付款回单 2 张。

【业务票据】

(1) 银行回单票据影像(图 5-38 和图 5-39)。

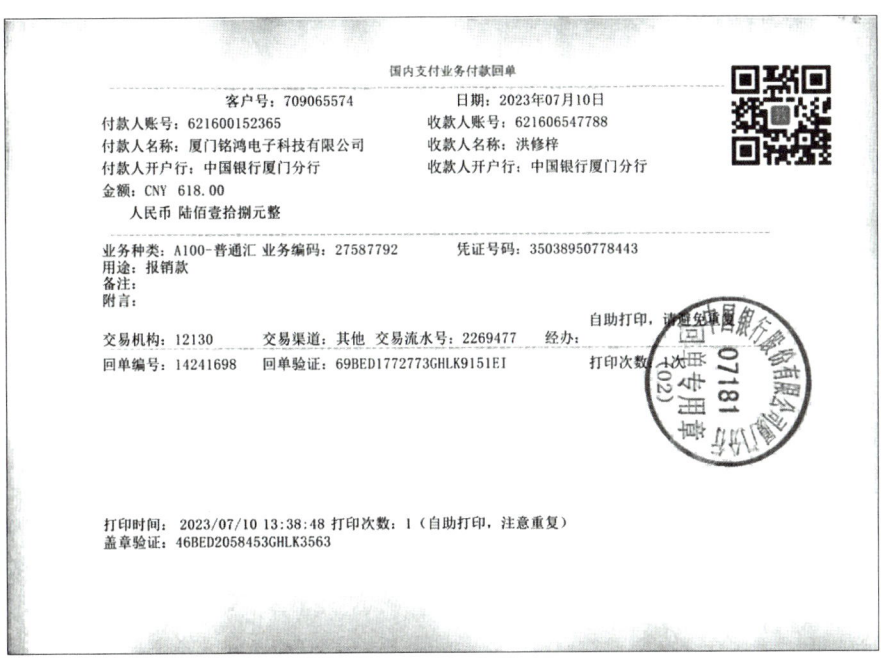

图 5-38　票据影像——银行回单

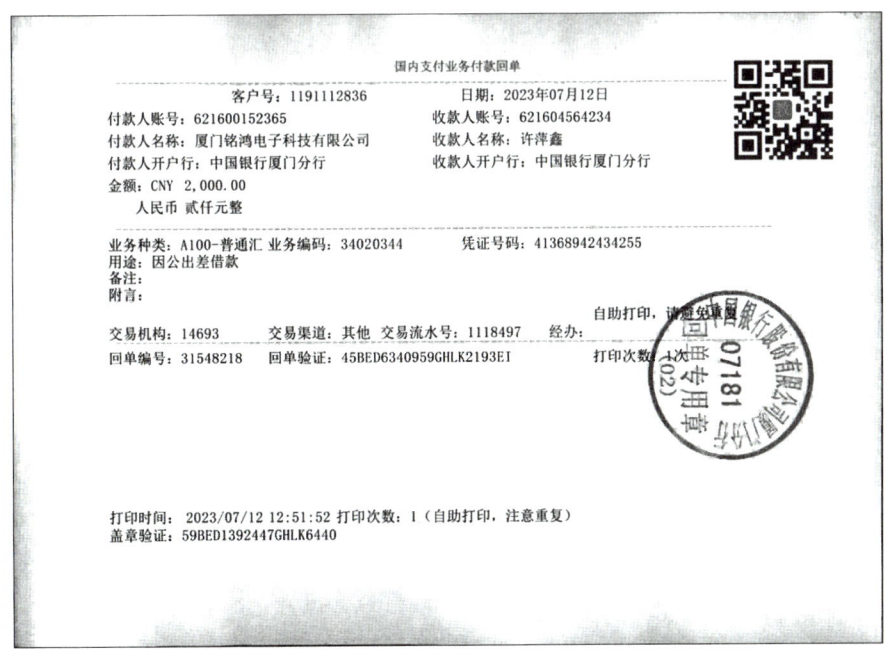

图 5-39　票据影像——银行回单

(2) 银行回单票据信息(图 5-40 和图 5-41)。

图 5-40　票据信息——银行回单

票据信息	
票据抬头	国内支付业务付款回单
付款方名称	厦门铭鸿电子科技有限公司
收款方名称	洪修梓
付款方账号	621600152365
收款方账号	621606547788
交易日期	2023-07-10
摘要	报销款
金额	618
含税金额	618
批次号	批次号

图 5-41　票据信息——银行回单

票据信息	
票据抬头	国内支付业务付款回单
付款方名称	厦门铭鸿电子科技有限公司
收款方名称	许萍鑫
付款方账号	621600152365
收款方账号	621604564234
交易日期	2023-07-12
摘要	因公出差借款
金额	2000
含税金额	2000
批次号	批次号

【业务要求】

根据票据影像设置业务票据建模，依次设置【票据类别】【场景类别】【场景配置】【凭证模板】以及【科目匹配】。设置完成后，对影像管理中的票据影像进行影像审核，生成记账凭证。设置凭证模板时，对于凭证合并方式，有批次的按批次合并，没有批次的不合并；对于分录合并方式，有批次的完全合并，没有批次的不合并。

活动 5.5.2　知 识 准 备

想一想

支付报销款的账务处理是什么？支付员工出差借款的账务处理是什么？

知识链接

支付报销款和支付员工出差借款的单据都是银行付款回单，都是因公支付给员工的款项。根据机器人的做账思路，账务处理为：

借：其他应付款——××职员
　　贷：银行存款

活动 5.5.3　任务操作

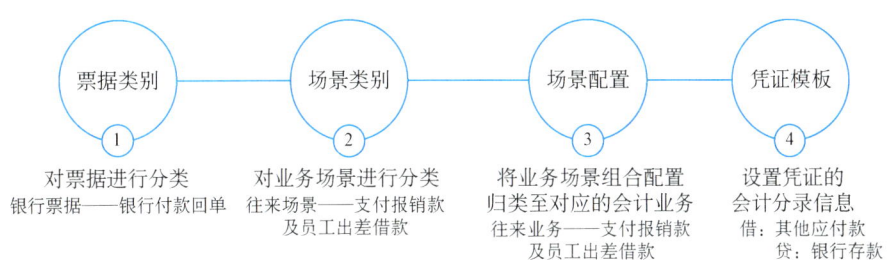

1. 票据类别设置

银行付款回单已在活动 5.1.3 票据类别设置中设置，无需重复操作。

2. 场景类别设置

"支付报销款及员工出差借款"场景类别设置的内容如下。

在【往来场景】主类别下新增细类，类别名称为"支付报销款及员工出差借款"，选择票种"银行付款回单—银行回单"。添加筛选操作"@摘要—包含—报销"，点击"复制规则"，修改新规则的筛选操作为"@摘要—包含—出差借款"（图 5-42）。

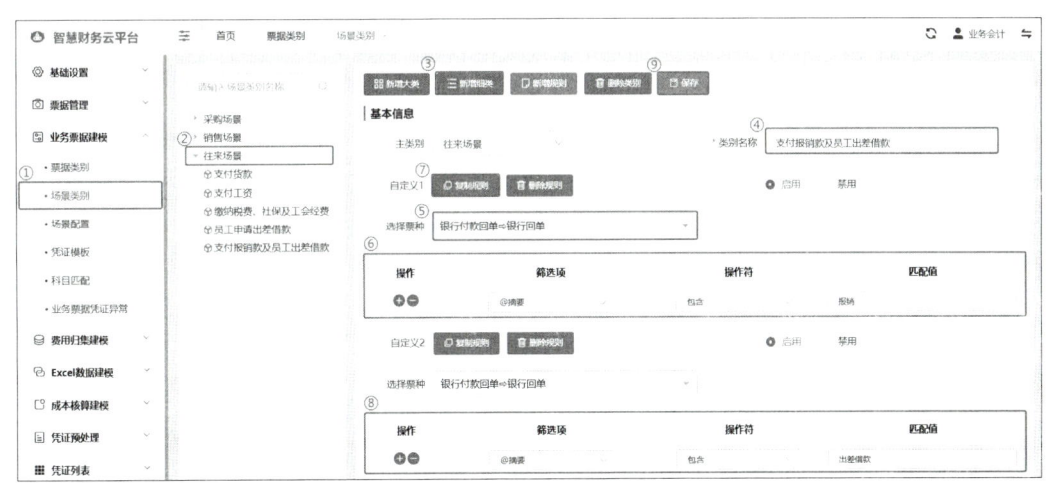

图 5-42　新增细类"支付报销款及员工出差借款"

3. 场景配置设置

在【往来业务】主类别中新增场景，场景名称为"支付报销款及员工出差借款"，选择场景类别为"往来场景—支付报销款及员工出差借款"，票据类别选中"银行付款回单"（图 5-43）。

4. 凭证模板设置

1）凭证头设置

在【业务票据建模】—【凭证模板】下的会计场景中选择新增"支付报销款及员工出差借款"模板，凭证头设置如图 5-44 所示。

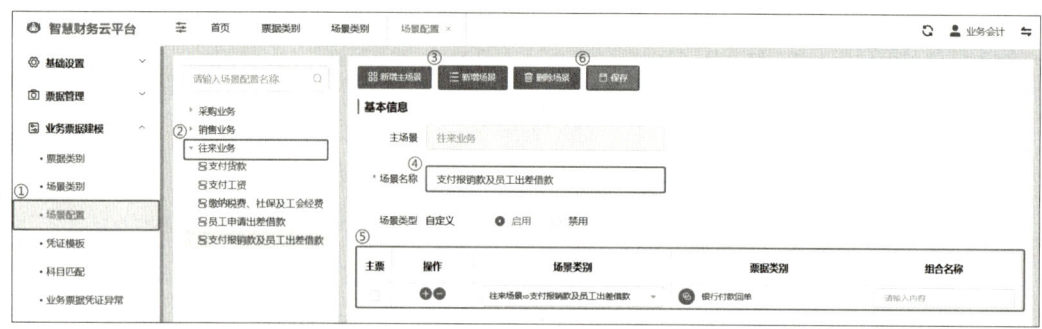

图 5-43　新增场景"支付报销款及员工出差借款"

图 5-44　凭证头设置

2）分录设置

摘要可自行填写如"支付@摘要",分录设置如图 5-45 所示。

图 5-45　分录设置

3）辅助核算

新增"其他应付款—职员"辅助核算项,在职员操作中点击"⊕",固定栏位选择并添加"@收款方名称",操作符选择"等于"。辅助核算项"明细"已默认"@项目【明细】",无需修改(图 5-46)。

4）合并及排序

支付报销款及员工出差借款票据不涉及批次,因此凭证合并方式和分录合并方式均

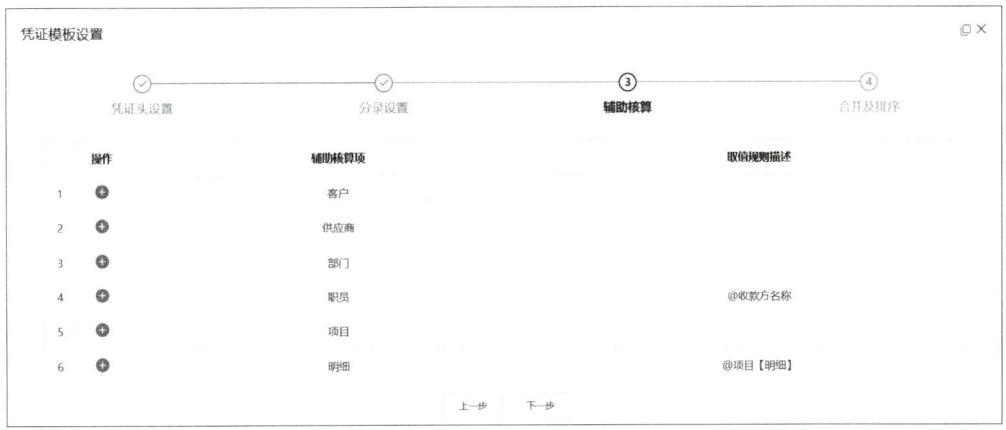

图 5-46 辅助核算

选择"不合并",分录自定义排序可选择启用"借贷方"。

活动 5.5.4 任务实施

勾选支付报销款及员工出差借款对应的原始凭证,生成 2 张记账凭证(图 5-47 和图 5-48)。

图 5-47 记账凭证 1

图 5-48 记账凭证 2

任务 5.6 支付房租费、水电费业务建模

活动 5.6.1 任务描述

【业务情景】

2023 年 7 月,厦门铭鸿电子科技有限公司发生支付房租费、水电费业务,财务部收到银行付款回单 3 张。

【业务票据】

(1) 银行回单票据影像(图 5-49)。

图 5-49　票据影像——银行回单

(2) 银行回单票据信息(图 5-50)。

模块 5　往来业务建模——案例实操

票据信息	票据明细

票据抬头：国内支付业务付款回单
付款方名称：厦门铭鸿电子科技有限公司
收款方名称：国网厦门电力有限公司
付款方账号：621600152365
收款方账号：621600112369
交易日期：2023-07-28
摘要：电费
金额：9040
含税金额：9040
批次号：批次号

图 5-50　票据信息——银行回单

【业务要求】

根据票据影像设置业务票据建模，依次设置【票据类别】【场景类别】【场景配置】【凭证模板】以及【科目匹配】。设置完成后，对影像管理中的票据影像进行影像审核，生成记账凭证。设置凭证模板时，对于凭证合并方式，有批次的按批次合并，没有批次的不合并；对于分录合并方式，有批次的完全合并，没有批次的不合并。

活动 5.6.2　知识准备

知识链接

支付房租费和水电费对应的单据是银行付款回单，对应账务处理为：

借：应付账款
　　贷：银行存款

此账务处理与任务 5.1 支付货款账务处理相同，因此在【场景配置】中，可以直接将支付房租费和水电费的场景添加至"应付款项"场景中，不必重新建立凭证模板。

活动 5.6.3 任务操作

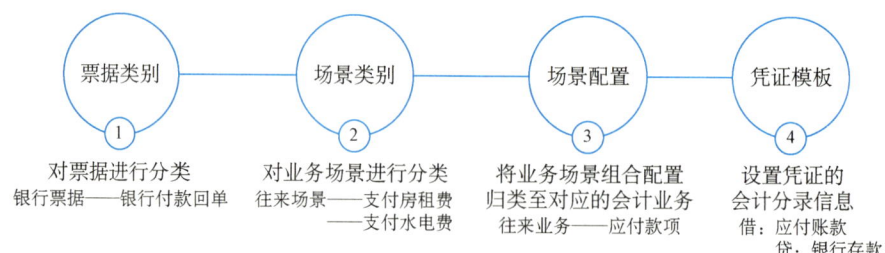

1. 票据类别设置

银行付款回单已在活动 5.1.3 票据类别设置中设置,无需重复操作。

2. 场景类别设置

(1) 支付房租费场景。

在【往来场景】主类别下新增细类,类别名称为"支付房租费",选择票种"银行付款回单—银行回单",添加筛选操作"@摘要—包含—房租"(图 5-51)。

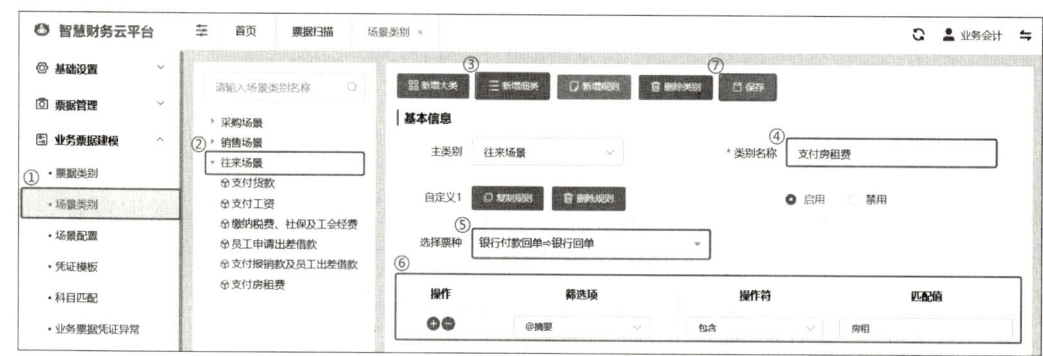

图 5-51 新增细类"支付房租费"

(2) 支付水电费场景。

在【往来场景】主类别下新增细类,类别名称为"支付水电费",选择票种"银行付款回单—银行回单",添加筛选操作"@摘要—包含—水费"。点击"复制规则",修改第二条规则筛选操作为"@摘要—包含—电费"(图 5-52)。

> **知识点拨**
>
> 此时场景解释为,"@摘要"包含"水费"的银行回单,或者"@摘要"包含"电费"的银行回单,属于"支付水电费"场景。

3. 场景配置设置

在【往来业务】主类别中选中"应付款项"场景,增加新的场景"往来场景—支付房租

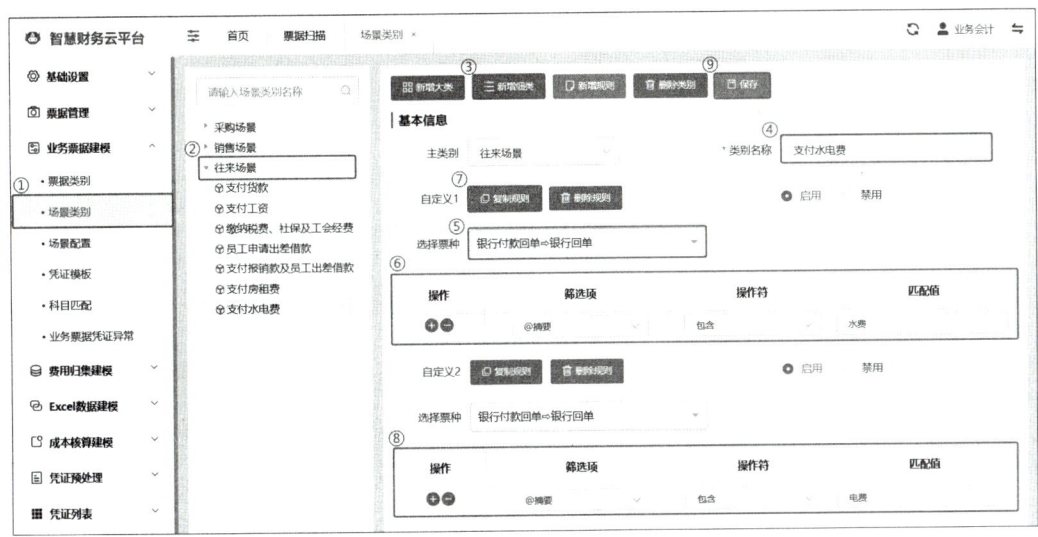

图 5-52 新增细类"支付水电费"

费"和"往来场景—支付水电费",票据类别选中"银行付款回单"(图 5-53)。

图 5-53 新增场景"往来场景—支付房租费"和"往来场景—支付水电费"

4. 凭证模板设置

应付款项凭证模板已在活动 5.1.3 凭证模板设置中设置,无需重复操作。

活动 5.6.4　任务实施

勾选支付房租费和支付水电费对应的原始凭证,生成 3 张记账凭证,记账凭证示例如图 5-54 所示。

```
                                                              记账凭证                                              ×
凭证字 记 88 号                          日期：2023-07-28                                        附单据：1张
┌─────────────────────┬──────────────────────────────────────┬──────────┬──────────┐
│        摘要         │              会计科目                │ 借方金额 │ 贷方金额 │
├─────────────────────┼──────────────────────────────────────┼──────────┼──────────┤
│     支付电费        │         2202 应付账款                │ 9,040.00 │          │
├─────────────────────┼──────────────────────────────────────┼──────────┼──────────┤
│     支付电费        │ 100201 银行存款-中国银行厦门分行621600152365 │          │ 9,040.00 │
├─────────────────────┼──────────────────────────────────────┼──────────┼──────────┤
│                     │                                      │          │          │
├─────────────────────┼──────────────────────────────────────┼──────────┼──────────┤
│                     │                                      │          │          │
├─────────────────────┼──────────────────────────────────────┼──────────┼──────────┤
│ 合计：玖仟零肆拾元整│                                      │ 9,040.00 │ 9,040.00 │
└─────────────────────┴──────────────────────────────────────┴──────────┴──────────┘
供应商：国网厦门电力有限公司
制单人：赵旭
```

图 5-54 记账凭证示例

任务 5.7 支付银行手续费业务建模

活动 5.7.1 任务描述

【业务情景】

2023 年 7 月，厦门铭鸿电子科技有限公司发生支付银行手续费业务，财务部收到银行付款回单 4 张。

【业务票据】

（1）银行回单票据影像（图 5-55）。
（2）银行回单票据信息（图 5-56）。

【业务要求】

根据票据影像设置业务票据建模，依次设置【票据类别】【场景类别】【场景配置】【凭证模板】以及【科目匹配】。设置完成后，对影像管理中的票据影像进行影像审核，生成记账凭证。设置凭证模板时，对于凭证合并方式，有批次的按批次合并，没有批次的不合并；对于分录合并方式，有批次的完全合并，没有批次的不合并。

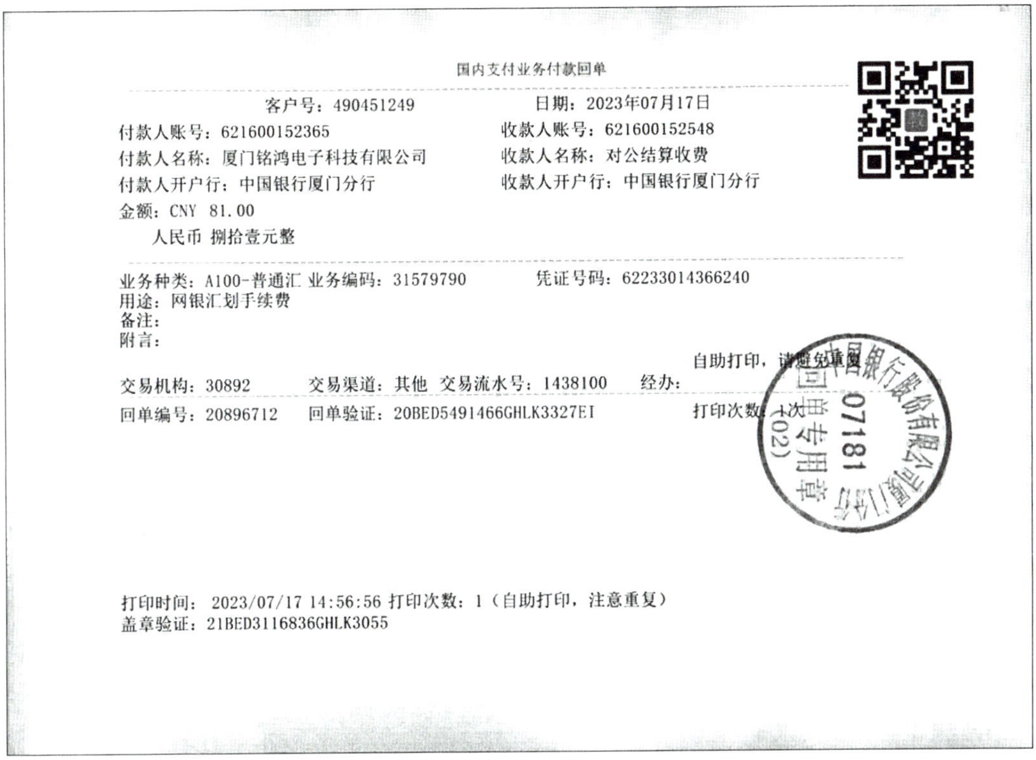

国内支付业务付款回单

客户号：490451249　　　　　　　日期：2023年07月17日
付款人账号：621600152365　　　收款人账号：621600152548
付款人名称：厦门铭鸿电子科技有限公司　收款人名称：对公结算收费
付款人开户行：中国银行厦门分行　收款人开户行：中国银行厦门分行
金额：CNY 81.00
人民币 捌拾壹元整

业务种类：A100-普通汇　业务编码：31579790　　凭证号码：62233014366240
用途：网银汇划手续费
备注：
附言：
　　　　　　　　　　　　　　　　　　　　　　　　自助打印，请避免重复
交易机构：30892　　交易渠道：其他　交易流水号：1438100　经办：
回单编号：20896712　　回单验证：20BED5491466GHLK3327EI　　打印次数

打印时间：2023/07/17 14:56:56 打印次数：1（自助打印，注意重复）
盖章验证：21BED3116836GHLK3055

图 5-55　票据影像——银行回单

图 5-56　票据信息——银行回单

活动 5.7.2 知识准备

想一想

支付银行手续费的账务处理是什么?

知识链接

支付银行手续费对应的单据是银行回单,对应账务处理为:

借:财务费用——手续费
　　贷:银行存款

如发生支付银行利息业务,账务处理类似,借方明细科目更换为"利息支出"。

活动 5.7.3 任务操作

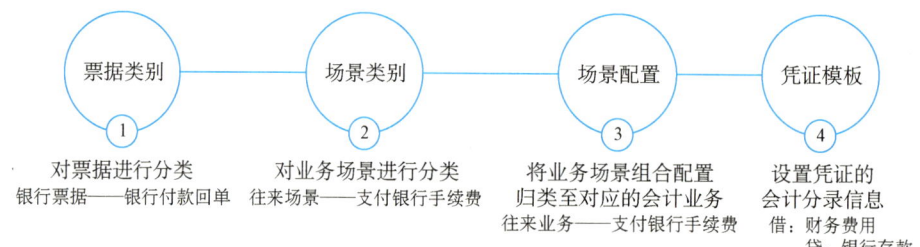

1. 票据类别
   对票据进行分类
   银行票据——银行付款回单

2. 场景类别
   对业务场景进行分类
   往来场景——支付银行手续费

3. 场景配置
   将业务场景组合配置归类至对应的会计业务
   往来业务——支付银行手续费

4. 凭证模板
   设置凭证的会计分录信息
   借:财务费用
   贷:银行存款

1. 票据类别设置

银行付款回单已在活动 5.1.3 票据类别设置中设置,无需重复操作。

2. 场景类别设置

支付银行手续费场景类别设置的内容如下。

在【往来场景】主类别下新增细类,类别名称为"支付银行手续费",选择票种"银行付款回单—银行回单",添加筛选操作"@摘要—包含—手续费"(图 5-57)。

3. 场景配置设置

在【往来业务】主类别中新增场景,场景名称为"支付银行手续费",选择场景类别为"往来场景—支付银行手续费",票据类别选中"银行付款回单"(图 5-58)。

4. 凭证模板设置

1) 凭证头设置

在【业务票据建模】—【凭证模板】下的会计场景中选择新增"支付银行手续费"模板,凭证头设置如图 5-59 所示。

模块 5　往来业务建模——案例实操

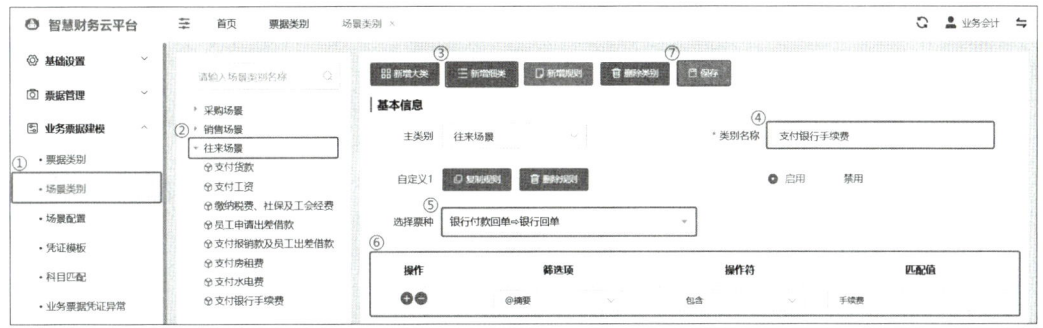

图 5-57　新增细类"支付银行手续费"

图 5-58　新增场景"支付银行手续费"

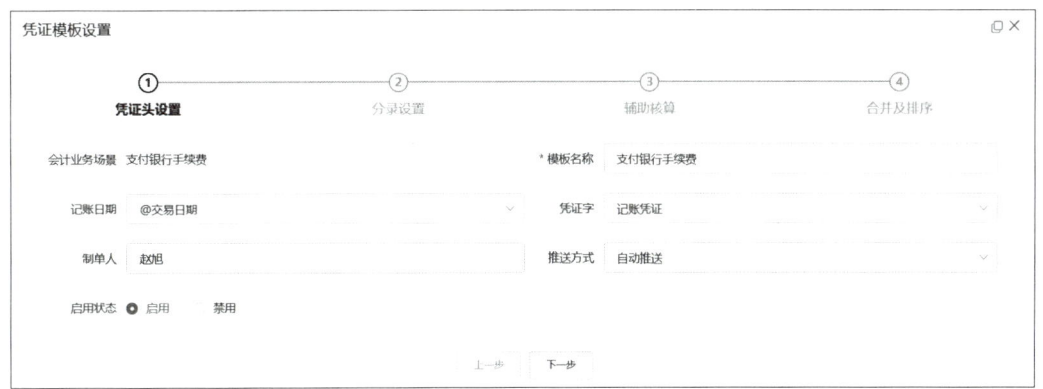

图 5-59　凭证头设置

2）分录设置

摘要可自行填写，如"@摘要"，分录设置如图 5-60 所示。

3）辅助核算

辅助核算项"明细"已默认"@项目【明细】"，无需修改。

（4）合并及排序

支付银行手续费票据不涉及批次，因此凭证合并方式和分录合并方式均选择"不合

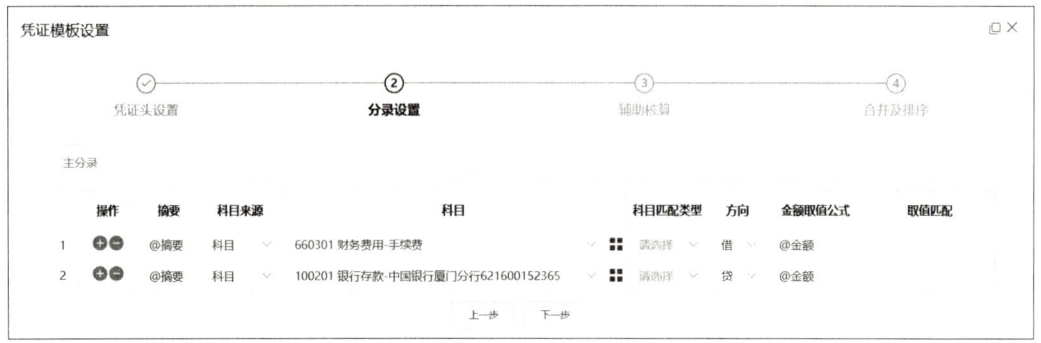

图 5-60　分录设置

并",分录自定义排序可选择启用"借贷方"。

> **想一想**
>
> 如果发生支付银行利息业务,应该如何进行业务票据建模设置?其是否能与支付银行手续费业务共用一个会计模板?

活动 5.7.4　任务实施

勾选支付银行手续费对应的原始凭证,生成 2 张记账凭证,记账凭证示例如图 5-61 所示。

图 5-61　记账凭证示例

任务 5.8 收到货款业务建模

活动 5.8.1 任务描述

【业务情景】

2023年7月,厦门铭鸿电子科技有限公司与客户发生货款结算业务,财务部收到银行收款回单18张。

【业务票据】

(1) 银行回单票据影像(图 5-62)。

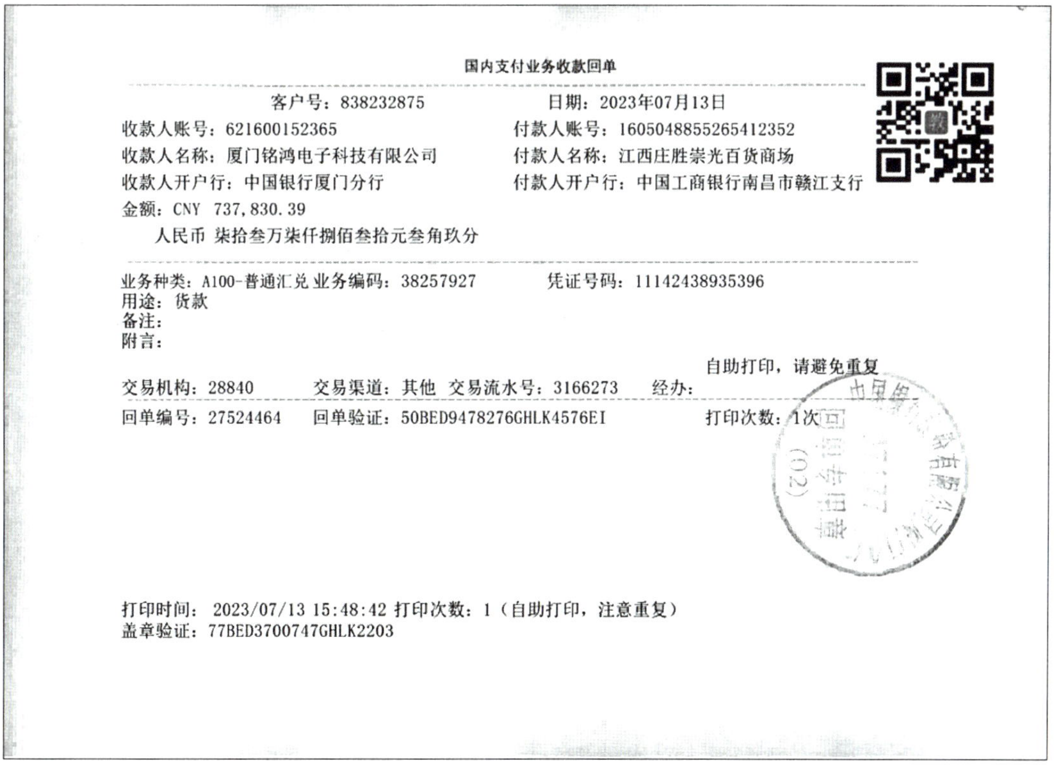

国内支付业务收款回单

客户号:838232875　　　　　　　　　日期:2023年07月13日
收款人账号:621600152365　　　　　付款人账号:1605048855265412352
收款人名称:厦门铭鸿电子科技有限公司　付款人名称:江西庄胜崇光百货商场
收款人开户行:中国银行厦门分行　　　付款人开户行:中国工商银行南昌市赣江支行
金额:CNY 737,830.39
人民币 柒拾叁万柒仟捌佰叁拾元叁角玖分
业务种类:A100-普通汇兑　业务编码:38257927　　凭证号码:11142438935396
用途:货款
备注:
附言:
交易机构:28840　交易渠道:其他　交易流水号:3166273　经办:
回单编号:27524464　回单验证:50BED9478276GHLK4576EI　打印次数:1次

打印时间:2023/07/13 15:48:42 打印次数:1(自助打印,注意重复)
盖章验证:77BED3700747GHLK2203

图 5-62　票据影像——银行回单

(2) 银行回单票据信息(图 5-63)。

| 票据信息 | 票据明细 |

票据抬头	国内支付业务收款回单
付款方名称	江西庄胜崇光百货商场
收款方名称	厦门铭鸿电子科技有限公司
付款方账号	1605048855265412352
收款方账号	621600152365
交易日期	2023-07-13
摘要	货款
金额	737830.39
含税金额	737830.39
批次号	批次号

图 5-63　票据信息——银行回单

【业务要求】

根据票据影像设置业务票据建模，依次设置【票据类别】【场景类别】【场景配置】【凭证模板】以及【科目匹配】。设置完成后，对影像管理中的票据影像进行影像审核，生成记账凭证。设置凭证模板时，对于凭证合并方式，有批次的按批次合并，没有批次的不合并；对于分录合并方式，有批次的完全合并，没有批次的不合并。

活动 5.8.2　知识准备

想一想

收到货款的账务处理是什么？

知识链接

企业应设置"应收账款"科目，核算企业因销售商品或产品、提供劳务而应向客户收取的商品价款，应收取的增值税销项税额及为客户代垫的运杂费等，不包括各种非经营活动发生的应收款项。收到货款取得银行回单时，借记"银行存款"科目，贷记"应收账款"等科目。

活动 5.8.3　任务操作

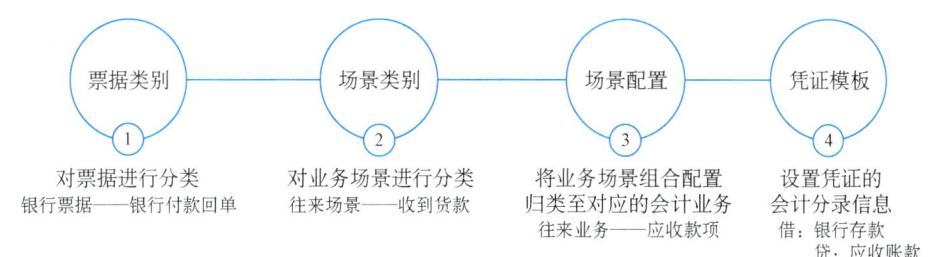

1. 票据类别设置

银行收款回单票据类别设置内容如下。

在【银行票据】主类别下新增细类"银行收款回单",选择票种"银行回单",添加筛选操作"@收款方名称—等于—厦门铭鸿电子科技有限公司"(图 5-64)。

图 5-64　新增细类"银行收款回单"

2. 场景类别设置

收到货款场景类别设置内容如下。

在【往来场景】主类别下新增细类,类别名称为"收到货款",选择票种"银行收款回单—银行回单",添加筛选操作"@摘要—包含—货款"(图 5-65)。

图 5-65　新增细类"收到货款"

3. 场景配置设置

在【往来业务】主类别下新增场景,场景名称为"应收款项",选择场景类别为"往来场景—收到货款",票据类别选中"银行收款回单"(图 5-66)。

图 5-66　新增场景"应收款项"

4. 凭证模板设置

1) 凭证头设置

在【业务票据建模】—【凭证模板】的会计场景中选择新增"收到货款"模板,凭证头设置如图 5-67 所示。

图 5-67　凭证头设置

2) 分录设置

摘要可自行填写,如"收到@摘要",分录设置如图 5-68 所示。

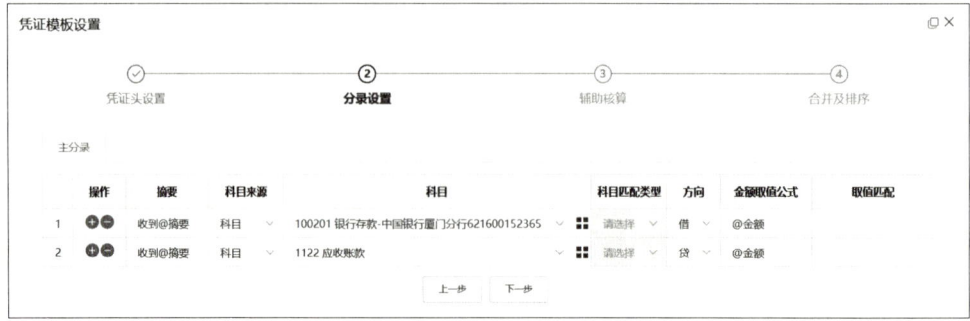

图 5-68　分录设置

3) 辅助核算

新增"应收账款"辅助核算项,在职员操作中点击"⊕",固定栏位选择并添加"@付款方名称",操作符选择"等于"。辅助核算项"明细"已默认"@项目【明细】",无需修改(图 5-69)。

图 5-69 辅助核算

4) 合并及排序

支付报销款及员工出差借款票据不涉及批次,因此凭证合并方式和分录合并方式均选择"不合并",分录自定义排序可选择启用"借贷方"。

活动 5.8.4 任务实施

勾选收到货款对应的原始凭证,生成 18 张凭证,记账凭证示例如图 5-70 所示。

图 5-70 记账凭证示例

课程思政

使用财务机器人处理往来业务对企业有多方面的好处,这些好处主要体现在以下几个方面。

首先,财务机器人可以自动化处理大量重复性的往来业务,如发票处理、账款核对等,极大地提高了工作效率。这意味着企业可以更快地处理业务,减少人工操作的繁琐性,从而有更多的时间和精力专注于核心业务和策略性决策。

其次,财务机器人的操作准确性高,几乎可以消除人为错误的风险。它严格按照预设的规则和流程执行任务,确保每一笔往来业务都能得到准确、及时的处理。这有助于企业降低人为错误导致的财务风险和损失。

再次,财务机器人可以实时追踪和记录往来业务的数据,为企业提供了更及时、准确的财务信息。这使企业能够更好地了解自身的财务状况,及时发现潜在的问题和风险,从而做出更明智的决策。

从次,财务机器人可以自动化处理跨部门和跨公司的往来业务,实现与多个业务系统的联动。这有助于消除信息孤岛,提高企业内部和外部的协同效率,从而进一步提升企业的整体运营效率。

最后,财务机器人的使用还可以降低企业的运营成本。虽然引入财务机器人可能需要一定的初始投资,但长期来看,它可以通过减少人力成本、提高工作效率和降低错误率等方式,为企业带来显著的成本节约。

课证融通

请依托财务机器人应用"1+X"职业技能等级证书实训平台,完成下列练习。

1. 2024年8月,上海泰鼎网络科技有限公司发生行政部职员王鑫町、销售部职员林东、销售部职员郑珍三笔因公出差借款业务。财务部收到的原始凭证有:借款单3张。

二维码 5-1

要求:根据上海泰鼎网络科技有限公司提供的企业背景、业务情景和业务票据相关信息,针对2024年8月发生的员工出差预借差旅费业务,在财务机器人云平台上建立相关业务票据模型并自动生成记账凭证(账期:2024年8月;凭证合并方式:不合并;分录合并方式:不合并)。

2. 2024年4月,南京星辰电子商务有限公司发生支付员工张星辰报销的差旅费业务,采用现金支票支付。财务部支付相应款项并取得相应原始凭证:现金支票存根1张。

二维码 5-2

要求:根据南京星辰电子商务有限公司提供的企业背景、业务情景和业务票据相关信息,针对2024年4月发生的现金支票业务,在财务机器人云平台上建立相关业务票据模型并自动生成记账凭证(账期:2024年4月;凭证合并方式:不合并;分录合并方式:不合并)。

3. 2024年5月,南京星辰电子商务有限公司发生支付南京迅捷物流有限公司运输款、支付南京天心房屋租赁有限公司房租费、支付南京乐天物业有限公司物业费及支付南京携有信息咨询服务有限公司咨询服务费四笔业务,采用转账支票支付(使用中国工商银行基本存款账户核算)。财务部支付相应款项并取得相应原始凭证:转账支票存根4张。

二维码 5-3

要求:根据南京星辰电子商务有限公司提供的企业背景、业务情景和业务票据相关信息,针对2024年5月发生的转账支票业务,在财务机器人云平台上建立相关业务票据模型并自动生成记账凭证(账期:2024年5月;凭证合并方式:不合并;分录合并方式:相同方向合并)。

4. 2024年8月,江苏旺丰物流有限公司与客户吴江鑫顺净化设备有限公司、苏州川友特环保设备有限公司、苏州新安阀门有限公司、江苏复兴伟塑料科技有限公司进行运输款结算,财务部收到款项并取得相应原始凭证:收款收据4张。

二维码 5-4

要求:根据江苏旺丰物流有限公司提供的企业背景、业务情景和业务票据相关信息,针对2024年8月发生的收款收据业务,在财务机器人云平台上建立相关业务票据模型并自动生成记账凭证(账期:2024年8月;凭证合并方式:不合并;分录合并方式:完全合并)。

5. 2024年6月,江苏旺丰物流有限公司发生运输部司机赵兴洪、赵诚违纪罚款(已根据开具的罚款通知进行账务处理),行政部总经理王子涛、销售部职员吴虹虹、财务部职员陈亮归还出差借款余款,财务部职员林映红现金盘亏进行赔偿,共六笔业务。财务部收到款项并取得相应原始凭证:收款收据6张。

二维码 5-5

要求:根据江苏旺丰物流有限公司提供的企业背景、业务情景和业务票据相关信息,针对2024年6月发生的收款收据业务,在财务机器人云平台上建立相关业务票据模型并自动生成记账凭证(账期:2024年6月;凭证合并方式:不合并;分录合并方式:不合并)。

6. 2024年9月,徐州佳和美商贸有限公司与客户苏州苏大有信商贸有限公司、苏州市品园食品厂、苏州市佰汇有限公司、苏州工业园区多宝利超市、苏州工业园区好旺佳超市、北京蒸美味食品有限公司上海分公司、苏州味香食品有限公司、苏州苏大有信商贸有限公司八家公司进行货款结算。财务部收到相应款项并取得原始凭证:银行回单8张。

二维码 5-6

要求:根据徐州佳和美商贸有限公司提供的企业背景、业务情景和业务票据信息,针对2024年9月发生的收到货款业务,在财务机器人云平台上建立相关业务票据模型并自动生成记账凭证(账期:2024年9月;凭证合并方式:不合并;分录合并方式:不合并)。

7. 2024年10月,上海泰鼎网络科技有限公司收到客户上海红檀国际贸易有限公司、上海纵横大剧院、广西麦芯科技股份有限公司三家公司软件款,收到客户安徽天辰新型材料有限公司、上海潘虹钢铁有限公司两家公司软件开发服务费,收到客户上海康嘉计算机技术有限公司、上海中庚电器有限公司、上海合家置业有限公司、上海传承文化传播有限公司四家公司技术服务费。财务部收到相应款项并取得原始凭证:银行回单9张。

二维码 5-7

要求:根据上海泰鼎网络科技有限公司提供的企业背景、业务情景和业务票据相关信息,针对2024年10月发生的收到款项业务,在财务机器人云平台上建立相关业务票据模型并自动生成记账凭证(账期:2024年10月;凭证合并方式:不合并;分录合并方式:不合并)。

8. 2024年6月,厦门信德工业有限公司与供应商厦门同兴五金建材有限公司、厦门瑞弘金属工业有限公司、厦门路安轮胎有限公司、厦门三棵树环保油漆有限公司、厦门兴欣塑料科技有限公司五家公司进行货款结算,与供应商厦门水务集团有限公司进行水费结算,与供应商国网厦门电力有限公司进行电费结算,与供应商厦门每天房屋租赁有限公司进行房租费结算。财务部支付相应款项并取得原始凭证:银行回单8张。

二维码 5-8

要求:根据厦门信德工业有限公司提供的企业背景、业务情景和业务票据相关信息,针对2024年6月发生的支付款项业务,在财务机器人云平台上建立相关业务票据模型并自动生成记账凭证(账期:2024年6月;凭证合并方式:不合并;分录合并方式:相同方向合并)。

二维码 5-9

9. 2024年8月,福州诚鑫装修有限公司与供应商漳州圆点装饰装潢有限公司进行外包工程款结算,与供应商中国电信股份有限公司福州分公司进行通信费结算,与供应商国网福州电力有限公司进行电费结算,与供应商福州水务集团有限公司进行水费结算,与供应商临沂市兰山区豪乾木业有限公司、福州建华装饰材料有限公司、杭州余杭区盈丰瓷砖有限公司、四川叁鑫电缆有限公司四家公司进行货款结算。财务部支付相应款项并取得原始凭证:银行回单8张。

要求:根据福州诚鑫装修有限公司提供的企业背景、业务情景和业务票据相关信息,针对2024年8月发生的支付款项业务,在财务机器人云平台上建立相关业务票据模型并自动生成记账凭证(账期:2024年8月;凭证合并方式:不合并;分录合并方式:不合并)。

二维码 5-10

10. 2024年10月,徐州佳和美商贸有限公司进行增值税、附加税、企业所得税、个人所得税和印花税的缴纳。财务部缴纳完成并取得相应原始凭证:银行缴税付款凭证5张。

要求:根据徐州佳和美商贸有限公司提供的企业背景、业务情景和业务票据相关信息,针对2024年10月发生的缴纳税费业务,在财务机器人云平台上建立相关业务票据模型并自动生成记账凭证(账期:2024年10月;凭证合并方式:不合并;分录合并方式:不合并)。

二维码 5-11

11. 2024年8月,上海泰鼎网络科技有限公司进行社保费的缴纳。财务部缴纳完成并取得相应原始凭证:银行缴税付款凭证1张。

要求:根据上海泰鼎网络科技有限公司提供的企业背景、业务情景和业务票据相关信息,针对2024年8月发生的缴纳税费业务,在财务机器人云平台上建立相关业务票据模型并自动生成记账凭证(账期:2024年8月;凭证合并方式:不合并;分录合并方式:相同方向合并)。

二维码 5-12

12. 2024年8月,厦门信德工业有限公司进行社保费、增值税、附加税、个人所得税和印花税的缴纳。财务部缴纳完成并取得相应原始凭证:银行付款回单5张。

要求:根据厦门信德工业有限公司提供的企业背景、业务情景和业务票据相关信息,针对2024年8月发生的缴纳税费业务,在财务机器人云平台上建立相关业务票据模型并自动生成记账凭证(账期:2024年8月;凭证合并方式:不合并;分录合并方式:相同方向合并)。

二维码 5-13

13. 2024年9月,福州诚鑫装修有限公司共发生10笔银行手续费支付业务。财务部取得相应原始凭证:银行回单10张。

要求:根据福州诚鑫装修有限公司提供的企业背景、业务情景和业务票据相关信息,针对2024年9月发生的支付银行手续费业务,在财务机器人云平台上建立相关业务票据模型并自动生成记账凭证(账期:2024年9月;凭证合并方式:不合并;分录合并方式:相同方向合并)。

模块 6 费用业务建模——案例实操

知识目标

（1）了解费用业务的含义和内容
（2）明确费用业务的原始凭证，掌握费用业务账务处理
（3）明确费用业务建模的主要步骤

技能目标

（1）能进行费用报销业务建模操作
（2）能进行待摊费用业务建模操作
（3）能应用财务机器人对费用报销业务自动生成凭证
（4）能应用财务机器人对待摊费用业务自动生成凭证

素养目标

（1）培养学生合理规划和管理费用支出的意识，以提高企业效益和竞争力
（2）鼓励学生持续学习最新的财务法规和会计准则，以适应费用业务处理要求的不断变化
（3）培养学生自我提升的意识，鼓励学生不断更新知识和技能，以保持专业竞争力

思维导图

模块6 费用业务建模——案例实操
- 任务6.1 报销办公费业务建模
- 任务6.2 报销差旅费业务建模
- 任务6.3 待摊费用业务建模

项目导入

费用业务是企业正常运转所必需的，费用是企业的成本之一，在会计上需要准确地记录、核算和报告。企业需要合理规划、控制和管理，确保费用的适度支出并降低浪费，以提高企业的效益和竞争力。

厦门铭鸿科技有限公司本月发生了办公费、差旅费、水电费和房租费四种费用业务，费用业务涉及的票据种类较多。本章的学习重点在于费用报销业务场景组合和主票的选择，以及凭证模板的建模。本章的学习难点在于对费用报销业务设置一个通用模板，以适应企业出现的各种情形。

任务 6.1 报销办公费业务建模

活动 6.1.1 任务描述

【业务情景】

2023 年 7 月，厦门铭鸿电子科技有限公司行政部职员洪修梓购买打印纸，并进行相应的报销。财务部收到的原始凭证有 1 张通用费用报销单和 1 张电子发票(普通发票)，共 2 张单据。

【业务票据】

1. 通用费用报销单

(1) 票据影像(图 6-1)。

Mh 铭鸿

通用费用报销单

mhgy07065

日期：2023年7月10日

报销人	洪修梓	所属部门	行政部
报销项目	摘要		金额
办公费	打印纸8箱		618.00
合计			¥618.00
报销总额	人民币（大写）：陆佰壹拾捌元整	支付方式	银行转账

行政主管：张强承　财务审核：钟莉　部门主管：张强承　报销人：洪修梓

图 6-1　票据影像——通用费用报销单

模块6　费用业务建模——案例实操

（2）票据信息（图6-2）。

图6-2　票据信息——通用费用报销单

2. 电子发票（普通发票）

（1）票据影像（图6-3）。

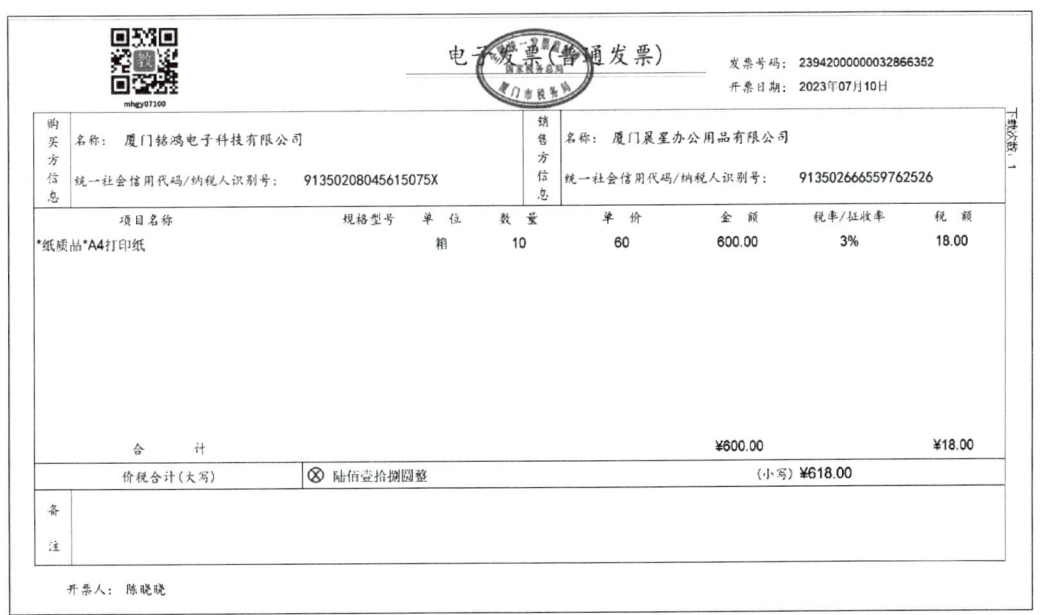

图6-3　票据影像——电子发票（普通发票）

(2)票据信息(图6-4)。

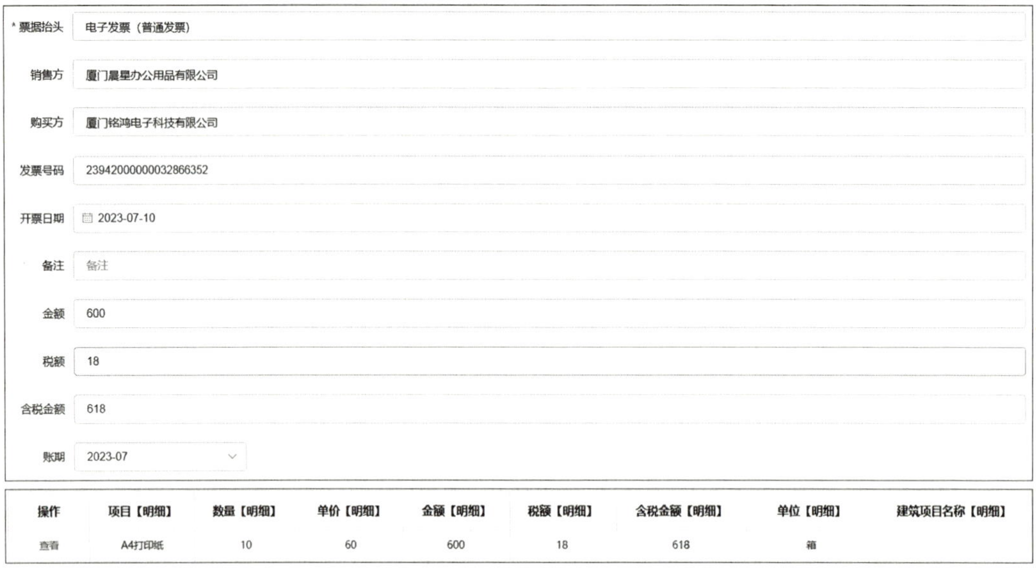

操作	项目【明细】	数量【明细】	单价【明细】	金额【明细】	税额【明细】	含税金额【明细】	单位【明细】	建筑项目名称【明细】
查看	A4打印纸	10	60	600	18	618	箱	

票据抬头：电子发票（普通发票）
销售方：厦门晨星办公用品有限公司
购买方：厦门铭鸿电子科技有限公司
发票号码：23942000000032866352
开票日期：2023-07-10
备注：备注
金额：600
税额：18
含税金额：618
账期：2023-07

图 6-4　票据信息——电子发票(普通发票)

【业务要求】

根据票据影像设置业务票据建模，依次设置【票据类别】【场景类别】【场景配置】【凭证模板】以及【科目匹配】。设置完成后，对影像管理中的票据影像进行影像审核，生成记账凭证。设置凭证模板时，对于凭证合并方式，有批次的按批次合并，没有批次的不合并；对于分录合并方式，有批次的完全合并，没有批次的不合并。

活动 6.1.2　知识准备

想一想

办公费包含哪些内容？报销办公费需要哪些原始凭证？报销办公费的账务处理是什么？

知识链接

办公费主要指企业生产和管理部门的办公用品、报纸杂志费、图书资料费等项目支出。这些费用支出都是企业运用在管理范围之内的正常消耗，一般记入"管理费用"科目。

报销办公费业务单据包含通用费用报销单、增值税专用发票、增值税普通发票、定额发票等。财务机器人处理报销办公费业务时，需要将每笔报销办公费业务进行批次定义，并将通用报销单定义为主单据，以主单据的信息进行主分录规则配置，其他单据补充主分录的规则配置。

活动 6.1.3 任务操作

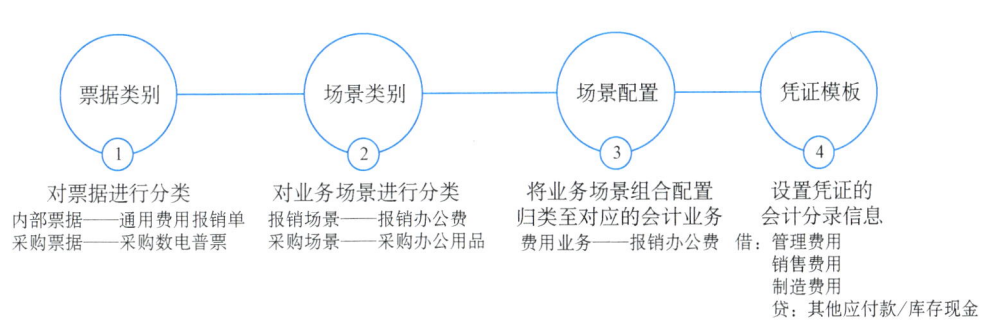

1. 票据类别设置

报销办公费涉及通用费用报销单和电子发票（普通发票）。

（1）通用费用报销单。

在【内部票据】大类下新增细类"通用费用报销单"，选择票种"通用费用报销单"（图 6-5）。

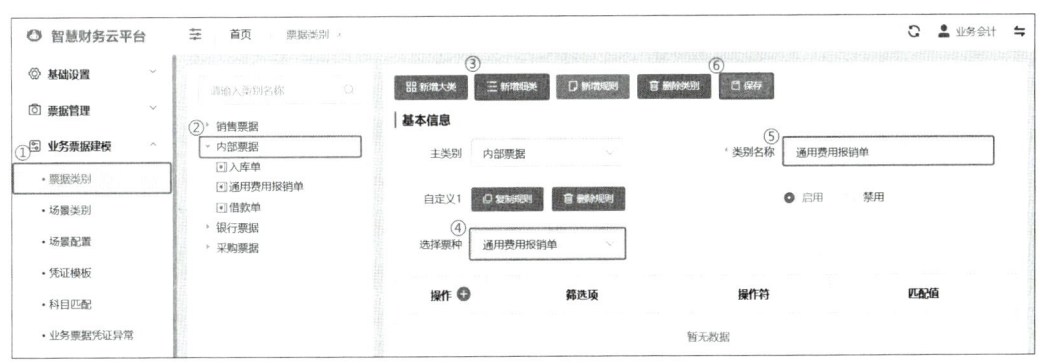

图 6-5 新增细类"通用费用报销单"

（2）采购数电普票。

在【采购票据】大类下新增细类"采购数电普票"，选择票种"电子发票（普通发票）"，添加筛选项为"@购买方—等于—厦门铭鸿电子科技有限公司"（图 6-6）。

2. 场景类别设置

（1）报销办公费场景。

在【业务票据建模】—【场景类别】下新增大类，主类别名称为"报销场景"（图 6-7）。

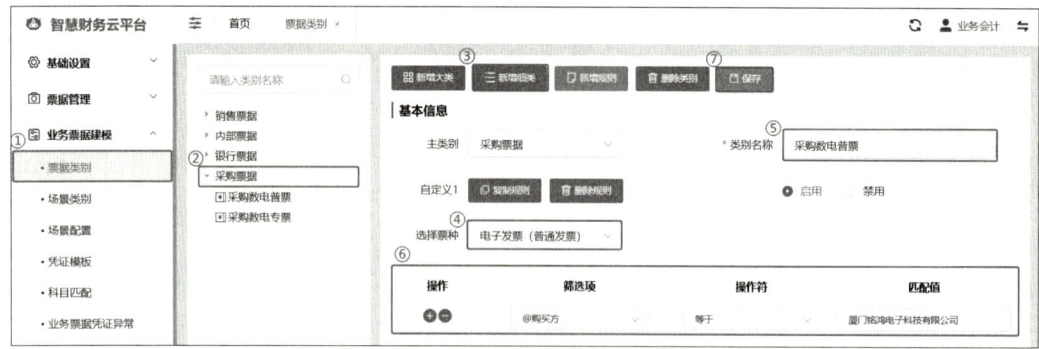

图 6-6　新增细类"采购数电普票"

图 6-7　新增主类别"报销场景"

在【报销场景】下新增细类"报销办公费",选择票种"通用费用报销单—通用费用报销单",操作"@报销项目—包含—办公"(图 6-8)。

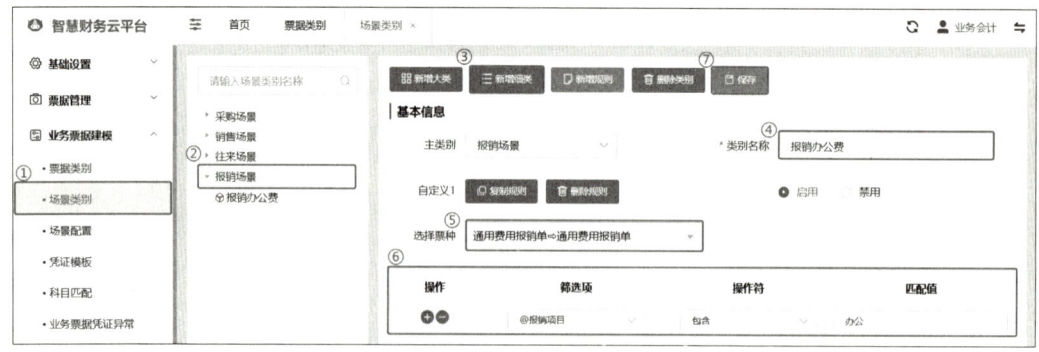

图 6-8　新增细类"报销办公费"

(2)采购办公用品场景。

在【采购场景】下新增细类"采购办公用品",选择票种"采购数电普票—电子发票(普通发票)",操作"@销售方—包含—办公用品"(图 6-9)。

模块 6　费用业务建模——案例实操

图 6-9　新增细类"采购办公用品"

> **知识点拨**
>
> 办公用品涉及的项目非常繁杂，因此一般不直接设置商品明细。销售办公用品的企业其名称一般包含办公用品字眼，因此我们将"@销售方—包含—办公用品"作为筛选匹配值。

3. 场景配置设置

报销办公费业务场景配置设置内容如下。

在【业务票据建模】—【场景配置】下新增大类，主场景名称为"费用业务"（图 6-10）。

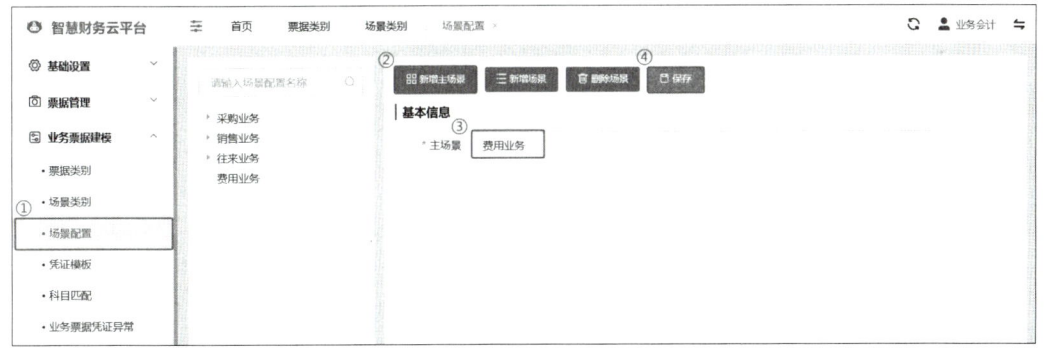

图 6-10　新增主场景"费用业务"

在【费用业务】主场景下新增场景"报销办公费"，场景类别选择"报销场景—报销办公费"和"采购场景—采购办公用品"，票据类别选中"通用费用报销单"和"采购数电普票"，在主票中勾选"通用费用报销单"，主票无需填写组合名称，在采购数电普票对应组合名称栏对应填写名称"普票"（图 6-11）。

> **知识点拨**
>
> 费用报销业务涉及批次，同一业务的多张票据可以合起来作为一个批次。以办公费报销为例，通用费用报销单需要附带对应的办公用品采购发票才能完成报销业务，

图 6-11 新增场景"报销办公费"

两张票据合起来对应一笔会计分录，因此需要勾选主票。分录的主要数据是从报销单上取得的，发票是报销单附件，因此报销单作为主票勾选。费用报销类业务都以报销单作为主票勾选。

组合名称对应凭证模板中的分录设置名称，如果不设置组合名称，默认进入分录设置中的主分录。在费用报销业务中，每张票据上都有金额，为了不产生歧义，引导机器人准确取数，除了主票，其他票据都要起一个组合名称。

4. 凭证模板设置

1）凭证头设置

在凭证模板中新增报销办公费模板，凭证头设置如图 6-12 所示。

图 6-12 凭证头设置

2）分录设置

在分录设置中，主分录对应通用费用报销单，摘要可自行填写，如"报销@报销项目"，分录设置如图 6-13 所示。

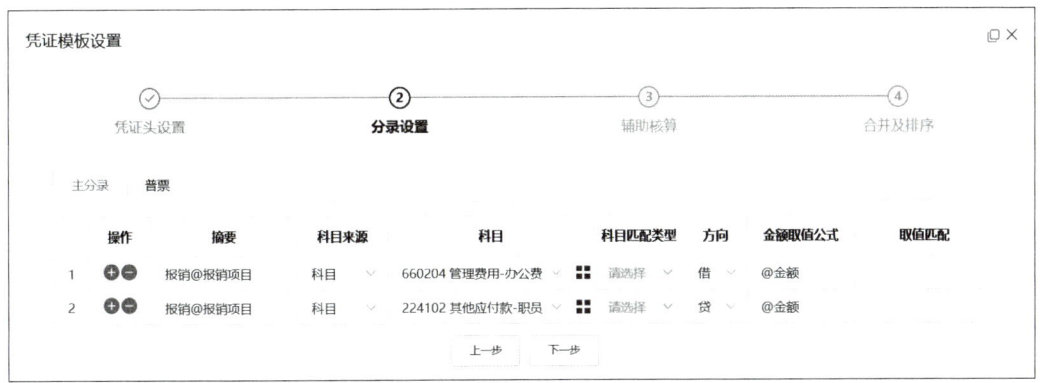

图 6-13 分录设置

> **知识点拨**
>
> 本业务取得的是普通发票,不能抵扣进项税,分录中所有的数据从主票中取值即可,因此"普票"选项卡无需设置分录。

3) 辅助核算

新增"其他应付款—职员"辅助核算项,取值规则描述为"@经办人",明细辅助核算无需修改(图 6-14)。

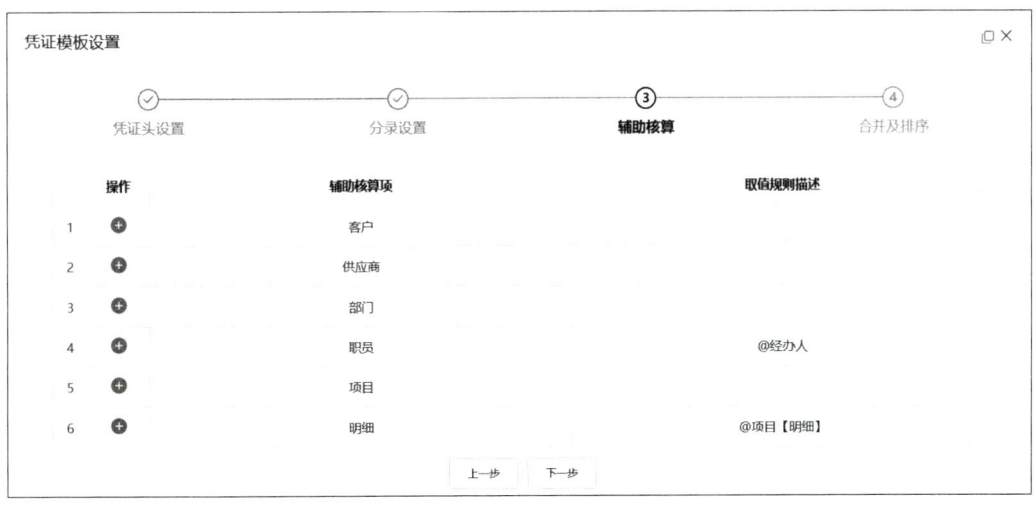

图 6-14 辅助核算

4) 合并及排序

报销办公费涉及批次的概念,因此凭证合并方式选择"批次",分录合并方式选择"完全合并",分录自定义排序选择"借贷方",这样系统会自动将相同分录合并(图 6-15)。

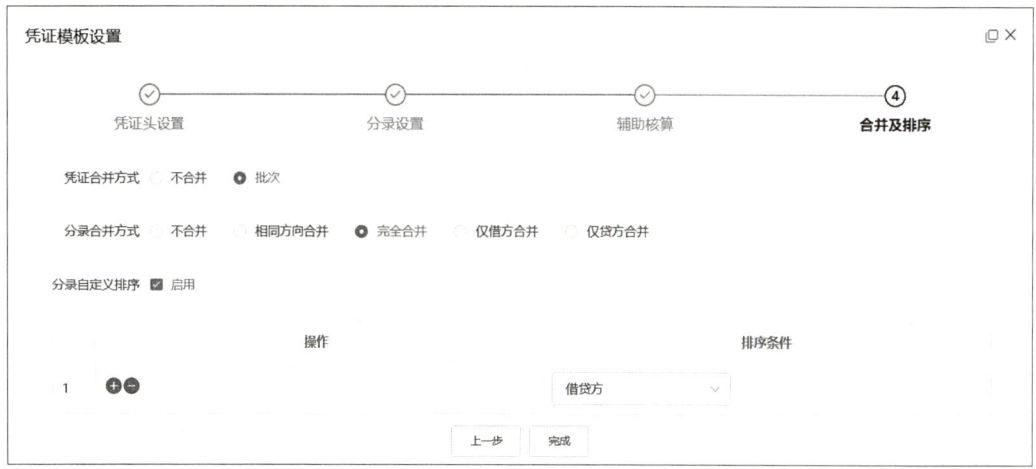

图 6-15　合并及排序

> 💡 **想一想**
>
> 如果销售部门和生产部门也报销办公费,应该如何设置凭证模板?

> 📘 **知识点拨**
>
> 在本案例中,7月份只有行政部门报销办公费,在设置分录时,只需设置管理费用即可。如果同时还有销售部门和生产部门报销办公费,则需要设置一个通用模板,其包含所有可能性,通用模板分录设置如图6-16所示。

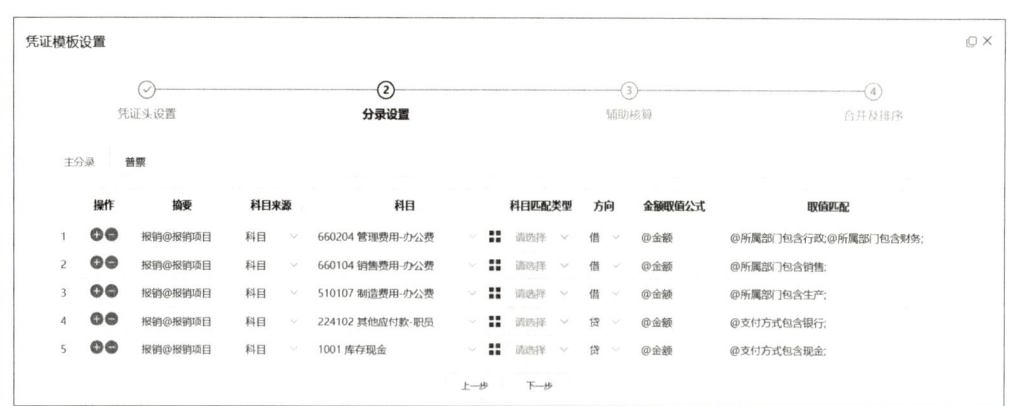

图 6-16　通用模板分录设置

借方有三种可能,"管理费用—办公费""销售费用—办公费"和"制造费用—办公费",会计人员可以通过取值匹配的设置引导机器人判断。贷方有两种可能性,"其他应付款—职员""库存现金",通过"@支付方式"内容不同来设置取值匹配,引导机器人判断。

"管理费用—办公费"的取值匹配设置如图 6-17 所示。

图 6-17 "管理费用—办公费"的取值匹配设置

注意,在取值匹配中,同一组号为"且"的关系,不同组号间为"或"的关系。例如,规则组 1 和规则组 2 是"或"的关系。因本案例企业涉及行政部、财务部、销售部、基本生产车间 4 个部门,所以"管理费用—办公费"的两个取值匹配要用"新增组"的操作完成,解释为"所属部门"包含"行政"或者"财务"的,办公费计入管理费用。

活动 6.1.4　任务实施

勾选报销办公费对应的原始凭证,生成 1 张记账凭证(图 6-18)。

摘要	会计科目	借方金额	贷方金额
报销办公费	660204 管理费用-办公费	618.00	
报销办公费	224102 其他应付款-职员		618.00
合计: 陆佰壹拾捌元整		618.00	618.00

凭证字 记 111 号　　日期: 2023-07-10　　附单据: 2张

职员:洪修梓
制单人:赵旭

图 6-18 记账凭证

任务 6.2 报销差旅费业务建模

活动 6.2.1 任务描述

【业务情景】

2023 年 7 月,厦门铭鸿电子科技有限公司销售部职员许萍鑫从厦门出发到苏州洽谈业务,进行差旅费报销。财务部收到的原始凭证有 2 张火车票、1 张的士票、1 张电子发票(普通发票)以及 1 张差旅费报销单,共 5 张单据。

【业务票据】

1. 差旅费报销单

(1)票据影像(图 6-19)。

 A07　　　　差旅费报销单　　　

日期：2023年7月18日

出差人	许萍鑫		所属部门		销售部	出差预借款	¥2000.00
出差事由	出差洽谈业务						
出发			到达			交通费用	
时间	地点		时间	地点		交通工具	金额
2023/7/13	厦门		2023/7/13	苏州		动车	¥420.00
2023/7/17	苏州		2023/7/17	厦门		动车	¥420.00
实际出差天数	出差补助		其他费用			退补金额	支付方式
	补助标准	金额	住宿费用	餐费	其他		
5	¥100.00	¥500.00	¥800.00	¥0.00	¥52.30	¥192.30	现金
报销总额	人民币（大写）：贰仟壹佰玖拾贰元叁角整　　　　　¥2192.30						
行政主管：张强永　　　　财务审核：钟莉　　　　部门主管：张强永　　　　报销人：许萍鑫							

图 6-19　票据影像——差旅费报销单

(2)票据信息(图 6-20)。

2. 火车票

(1)票据影像(图 6-21 和图 6-22)。

图 6-20 票据信息——差旅费报销单

图 6-21 票据影像——厦门—苏州火车票

图 6-22 票据影像——苏州—厦门火车票

（2）票据信息（图 6-23 和图 6-24）。

图 6-23 票据信息——火车票

图 6-24 票据信息——火车票

3. 的士票

（1）票据影像（图6-25）。

图6-25　票据影像——的士票

（2）票据信息（图6-26）。

图6-26　票据信息——的士票

4. 电子发票(普通发票)

(1) 票据影像(图6-27)。

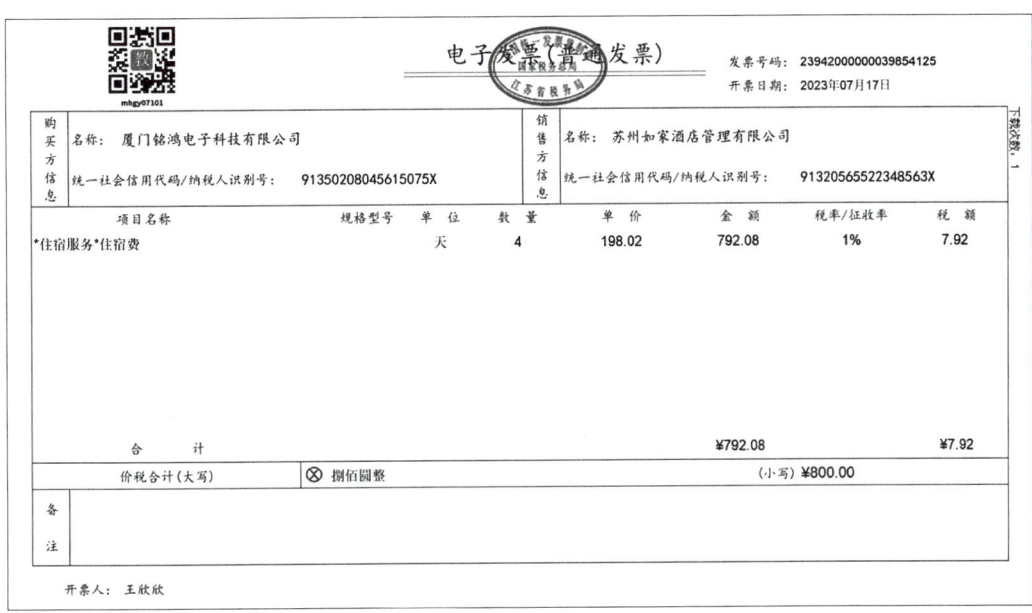

图6-27　票据影像——电子发票(普通发票)

(2) 票据信息(图6-28)。

图6-28　票据信息——电子发票(普通发票)

【业务要求】

根据票据影像设置业务票据建模，依次设置【票据类别】【场景类别】【场景配置】【凭证模板】以及【科目匹配】。设置完成后，对影像管理中的票据影像进行影像审核，生成记账凭证。设置凭证模板时，对于凭证合并方式，有批次的按批次合并，没有批次的不合并；对于分录合并方式，有批次的完全合并，没有批次的不合并。

活动 6.2.2　知 识 准 备

知识链接

差旅费是指企业员工出差办理公务而产生的交通费、住宿费和餐饮费等各项费用支出。差旅费报销的账务处理，一般按照部门来区分，管理部门的差旅费记入"管理费用"科目，销售部门的差旅费记入"销售费用"科目。

报销差旅费业务单据包含差旅费报销单、增值税专用发票、增值税普通发票、火车票、行程单、的士票等。财务机器人处理报销差旅费业务需要先区分不同批次的报销差旅费业务，并把差旅费报销单定义为主票，以主票的信息进行主分录规则配置，其他单据补充主分录的规则配置。

活动 6.2.3　任 务 操 作

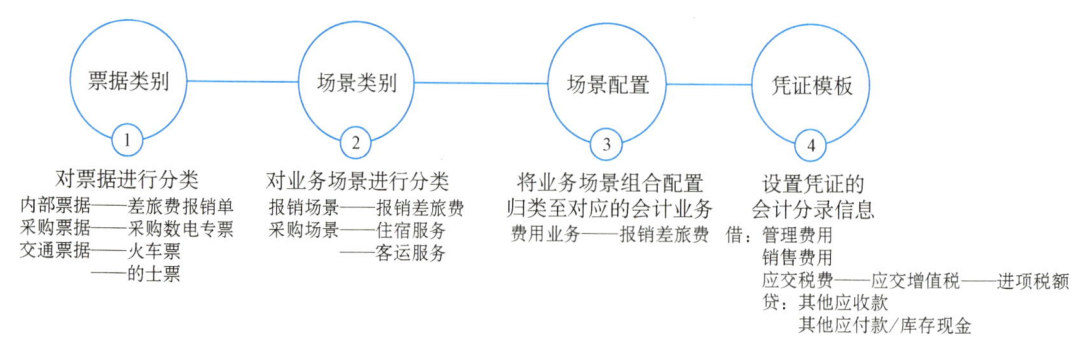

1. 票据类别设置

报销差旅费涉及差旅费报销单、交通票据和住宿发票。

（1）差旅费报销单。

在【内部票据】大类下新增细类"差旅费报销单"，选择票种"差旅费报销单"（图 6-29）。

（2）火车票。

在【票据类别】中新增大类"交通票据"（图 6-30）。

模块 6　费用业务建模——案例实操

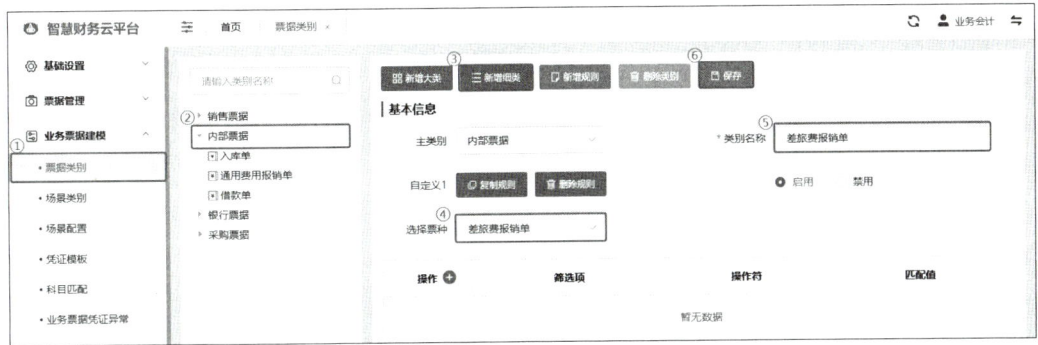

图 6-29　新增细类"差旅费报销单"

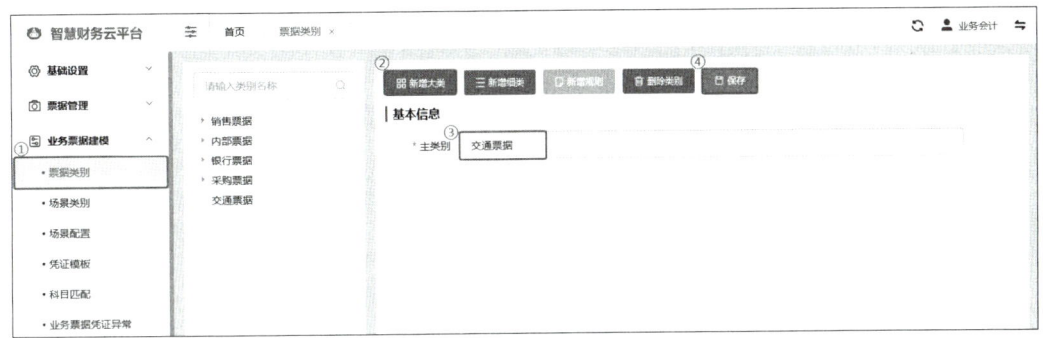

图 6-30　新增大类"交通票据"

在【交通票据】大类下新增细类"火车票",选择票种"火车票"(图 6-31)。

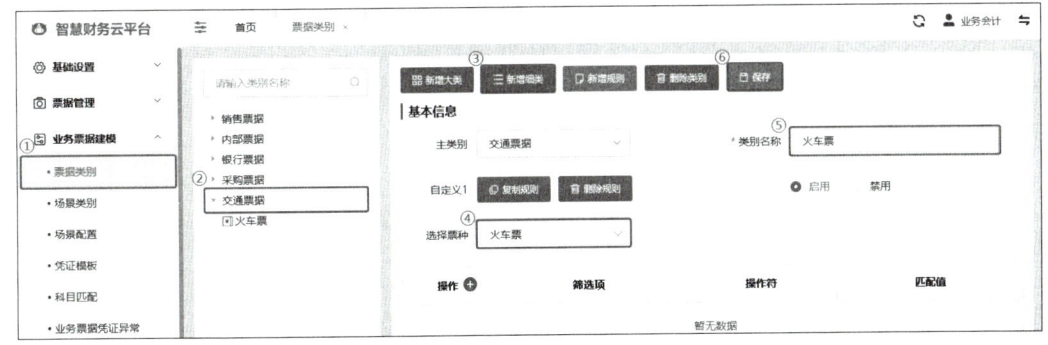

图 6-31　新增细类"火车票"

(3) 的士票。

在【交通票据】大类下新增细类"的士票",选择票种"的士票"(图 6-32)。

(4) 电子发票(普通发票)。

电子发票(普通发票)已在活动 6.1.3 票据类别设置中设置,无需重复操作。

2. 场景类别设置

(1) 报销差旅费场景。

在【报销场景】下新增细类"报销差旅费",选择票种"差旅费报销单—差旅费报销单"(图 6-33)。

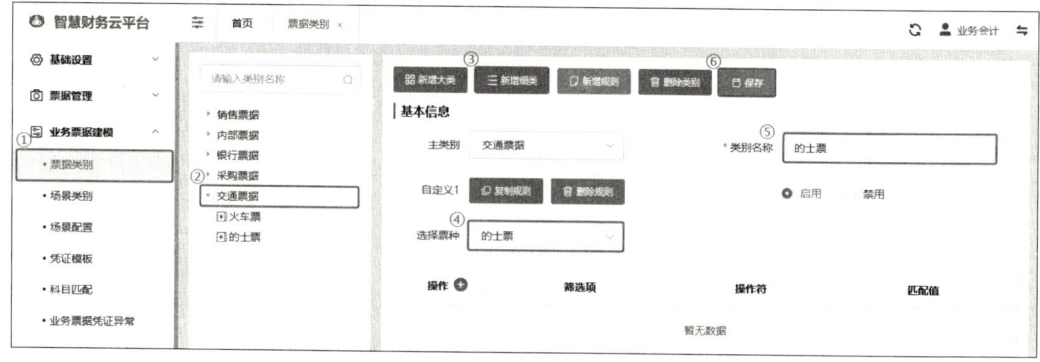

图 6-32 新增细类"的士票"

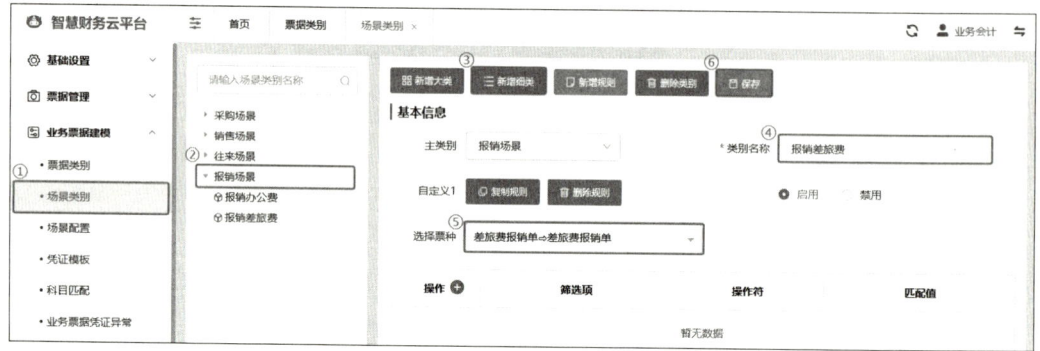

图 6-33 新增细类"报销差旅费"

（2）采购客运服务场景。

在【采购场景】下新增细类"客运服务"，选择票种"火车票—火车票"，新增规则选择票种"的士票—的士票"（图 6-34）。

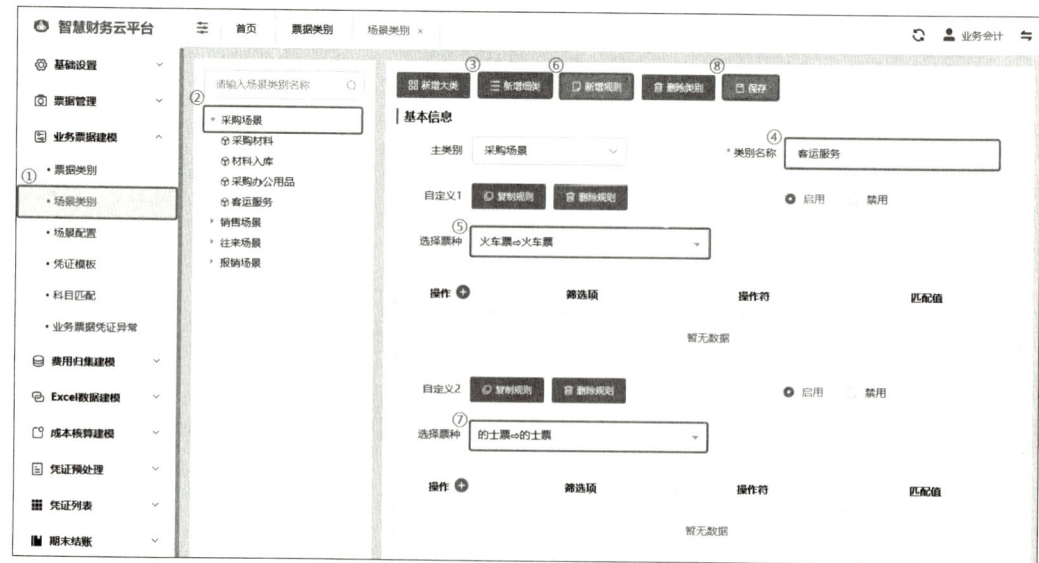

图 6-34 新增细类"客运服务"

> **知识点拨**
>
> 员工飞机出行取得的行程单也在此场景添加。

（3）采购住宿服务场景。

在【采购场景】下新增细类"住宿服务"，选择票种"销售数电普票—电子发票（普通发票）"，操作"@项目【明细】—包含—住宿费"（图6-35）。

图6-35　新增细类"住宿服务"

3. 场景配置设置

在【费用业务】主场景下新增场景"报销差旅费"，场景类别选择"报销场景—报销差旅费""采购场景—客运服务""采购场景—住宿服务"，票据类别分别选中"差旅费报销单""火车票、的士票"和"采购数电普票"。组合名称中差旅费报销单在主票中勾选，它作为主票无需填写组合名称，其他发票在组合名称中对应填写票据名称（图6-36）。

图6-36　新增场景报销差旅费

> **知识点拨**
>
> 组合名称和【凭证模板】设置中的【分录设置】相对应，除了没有设置组合名称的票据直接对应"主分录"，对于其他设置了组合名称的票据，平台都会在【分录设置】中新增一个选项卡，用于对应票据的分录设置。的士票和数电采购普票都不能抵扣进项税额，所以都不需要设置会计分录，它们可以共用一个组合名称，故起名"不可抵扣"。

4. 凭证模板设置

1) 凭证头设置

在凭证模板中新增报销差旅费模板,凭证头设置如图 6-37 所示。

图 6-37 凭证头设置

2) 分录设置

(1) 主分录设置。主分录对应差旅费报销单,摘要可自行填写,如"报销@报销项目",主分录设置如图 6-38 所示。

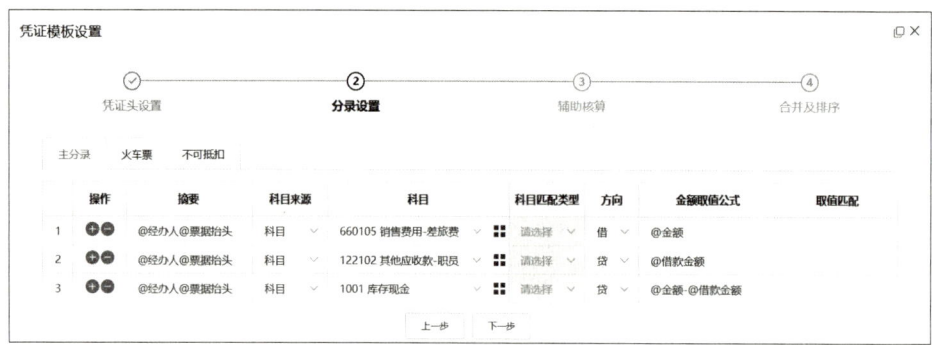

图 6-38 主分录设置

(2) 火车票分录设置。火车票分录设置对应火车票,根据规定,购进国内旅客运输服务,进项税额可以抵扣,铁路旅客运输进项税额＝含税金额÷(1＋9%)×9%,火车票分录设置如图 6-39 所示。

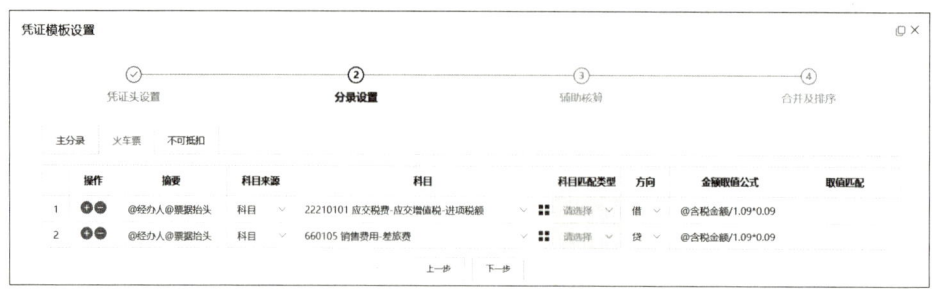

图 6-39 火车票分录设置

> **知识点拨**
>
> 由于%在编程中代表特殊含义,为避免歧义,在金额取值公式计算时,直接用小数计算。

3) 辅助核算

新增"其他应收款—职员"辅助核算项,取值规则描述为"@经办人",明细辅助核算无需修改(图6-40)。

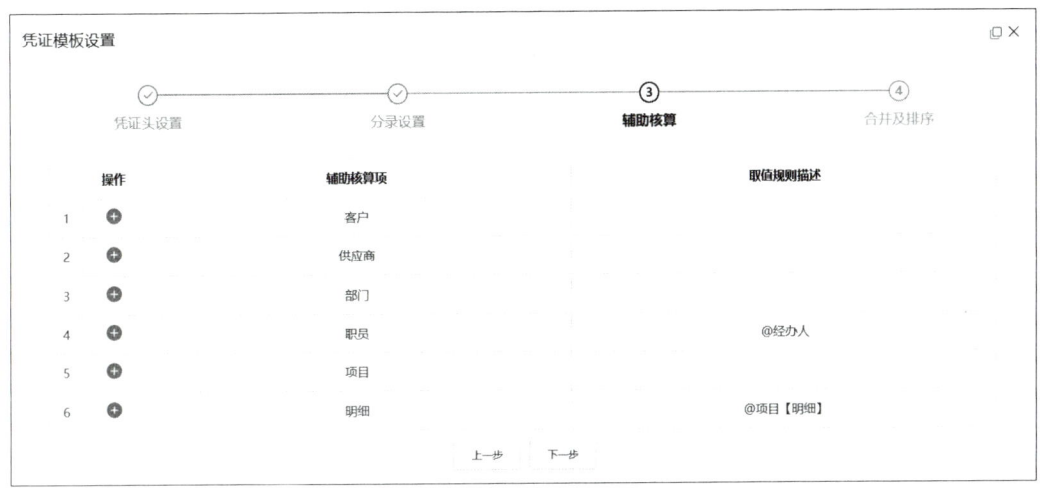

图6-40 辅助核算

4) 合并及排序

报销差旅费业务涉及批次的概念,因此凭证合并方式选择"批次",分录合并方式选择"完全合并",分录自定义排序选择"借贷方",这样系统会自动将相同分录合并。

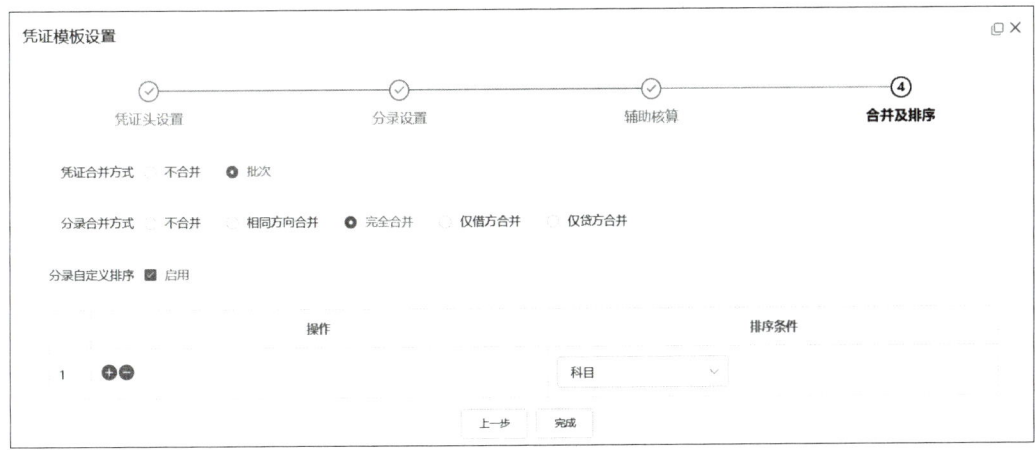

图6-41 合并及排序

知识点拨

在本案例中,7月份只有销售部门报销差旅费,在分录设置时,只需设置销售费用即可。如果以后月份有其他部门报销差旅费,可以继续完善凭证模板,最终形成通用模板,它包含所有可能性,通用模板分录设置如下。

(1)主分录设置(图6-42)。

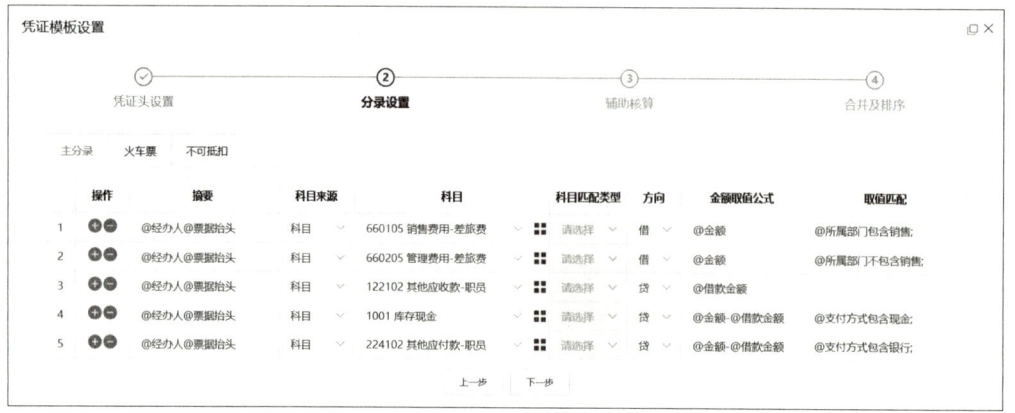

图6-42　主分录设置

借方有两种可能,分别是"管理费用——差旅费"和"销售费用——差旅费",会计人员可以通过取值匹配的设置,来引导机器人判断。由于只有销售部门的差旅费进入销售费用,取值匹配可以用"@所属部门"是否包含销售来进行判断。

贷方有两种可能,分别是"其他应付款——职员"和"库存现金",通过"@支付方式"内容不同来设置取值匹配,引导机器人判断。

(2)火车票分录设置(图6-43)。

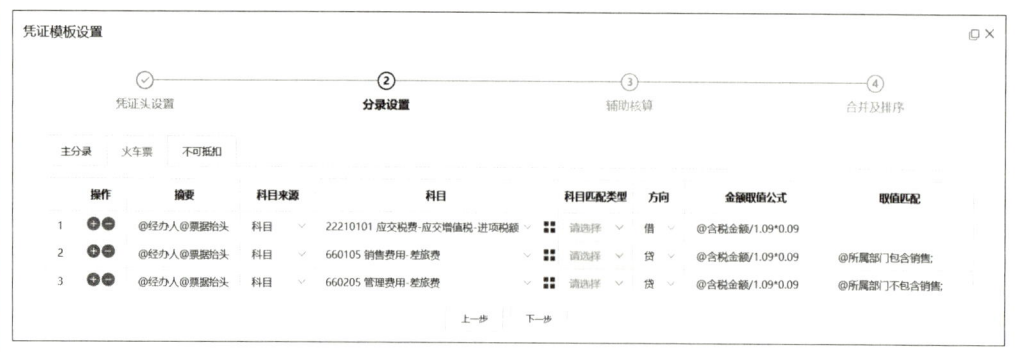

图6-43　火车票分录设置

"销售费用——差旅费"的取值匹配设置如图6-44所示。

这里取值匹配的含义为,主票(差旅费报销单)上"@所属部门"包含"销售"的,对应火车票的进项税额记入"销售费用——差旅费"科目。在火车票上是不显示"@所属部门"信息的,必须找到同批次对应的主票方可看到,所以这里在设置时一定要勾选"主票"。

图 6-44 "销售费用—差旅费"的取值匹配设置

差旅费报销还有可能涉及行程单、滴滴电子普票,以及采购住宿服务收到的专用发票,此通用模板还可以继续扩充。

活动 6.2.4 任务实施

勾选报销差旅费对应的原始凭证,生成 1 张记账凭证(图 6-45)。

摘要	会计科目	借方金额	贷方金额
许萍鑫差旅费报销单	22210101 应交税费-应交增值税-进项税额	69.36	
许萍鑫差旅费报销单	660105 销售费用-差旅费	2,122.94	
许萍鑫差旅费报销单	1001 库存现金		192.30
许萍鑫差旅费报销单	122102 其他应收款-职员		2,000.00
合计: 贰仟壹佰玖拾贰元叁角		2,192.30	2,192.30

凭证字 记 112 号　日期: 2023-07-18　附单据: 5 张

职员: 许萍鑫
制单人: 赵姐

图 6-45 记账凭证

任务 6.3 待摊费用业务建模

活动 6.3.1 任务描述

【业务情景】

2023 年 7 月,厦门铭鸿电子科技有限公司发生水电费和房租费业务。财务部收到的原始凭证有水费、电费、房租费分别对应的电子发票(增值税专用发票),共 3 张单据。

【业务票据】

(1) 电子发票(增值税专用发票)票据影像(图 6-46)。

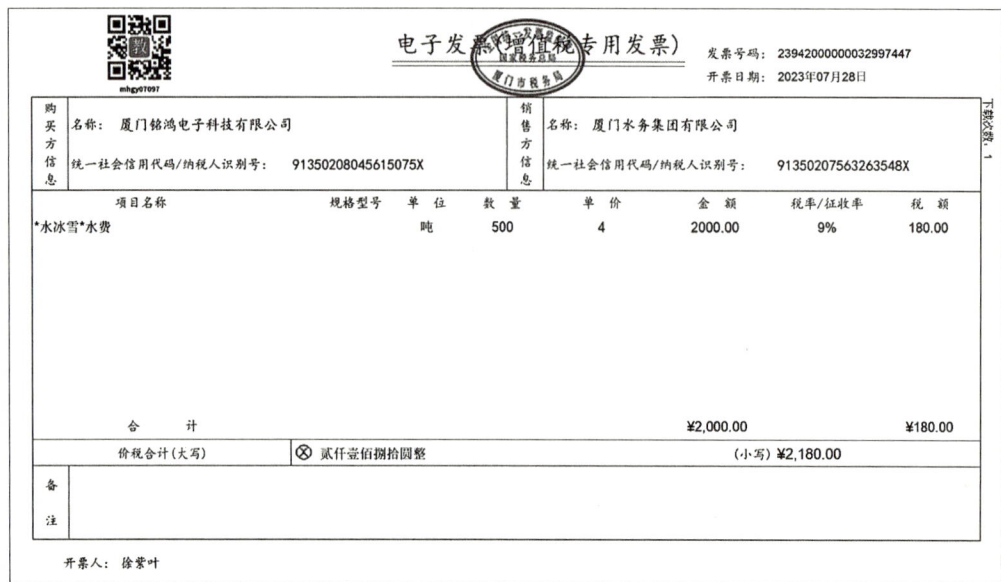

图 6-46　票据影像——电子发票(增值税专用发票)

(2) 电子发票(增值税专用发票)票据信息(图 6-47)。

图 6-47　票据信息——电子发票(增值税专用发票)

【业务要求】

根据票据影像设置业务票据建模,依次设置【票据类别】【场景类别】【场景配置】【凭证模板】以及【科目匹配】。设置完成后,对影像管理中的票据影像进行影像审核,生成记账凭证。设置凭证模板时,对于凭证合并方式,有批次的按批次合并,没有批次的不合并;对于分录合并方式,有批次的完全合并,没有批次的不合并。

活动 6.3.2 知识准备

想一想

收到房租费和水电费发票的账务处理是什么?

知识链接

房租费是租赁业务中出租人向承租人收取的转让资产使用权的补偿款。对出租人来说表现为租金收入,对承租人来说表现为租金费用。租赁业务的租金通常是在出租人和承租人双方谈判中根据资产的成本确定的,而且按时间计算,比如每月定额多少。水电费是家庭或组织因用水用电所支出的费用,是"水费"和"电费"的合称。

在业务票据建模中,对于房租费、水电费等需要后续摊销的费用,在进行账务处理时,默认取得增值税发票并确认未付款状态,设立"其他应付款——××费摊销"账户核算待摊销金额;月末,按照企业财务制度描述处理,在费用归集建模中进行摊销。

活动 6.3.3 任务操作

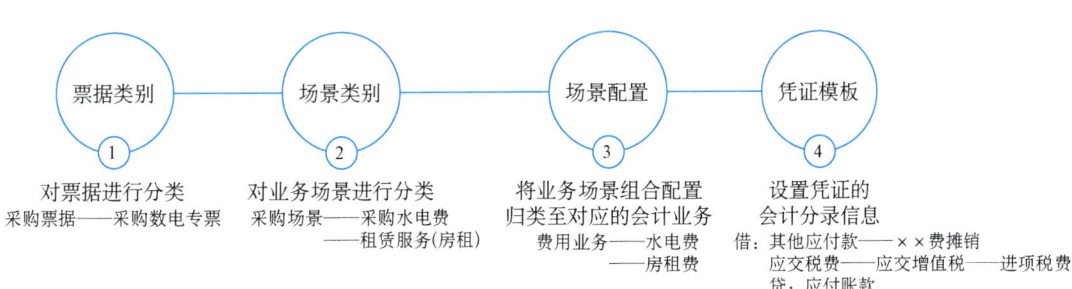

1. 票据类别设置

电子发票(增值税专用发票)在模块三 3.1.1 票据类别设置中已设置,此处无需重复设置。

2. 场景类别设置

1）采购水电费场景

在【采购场景】下新增细类"采购水电费",选择票种"采购数电专票—电子发票(增值税专用发票)",操作"@项目【明细】—包含—水费",复制自定义1,修改操作项匹配值为"电费"(图6-48)。

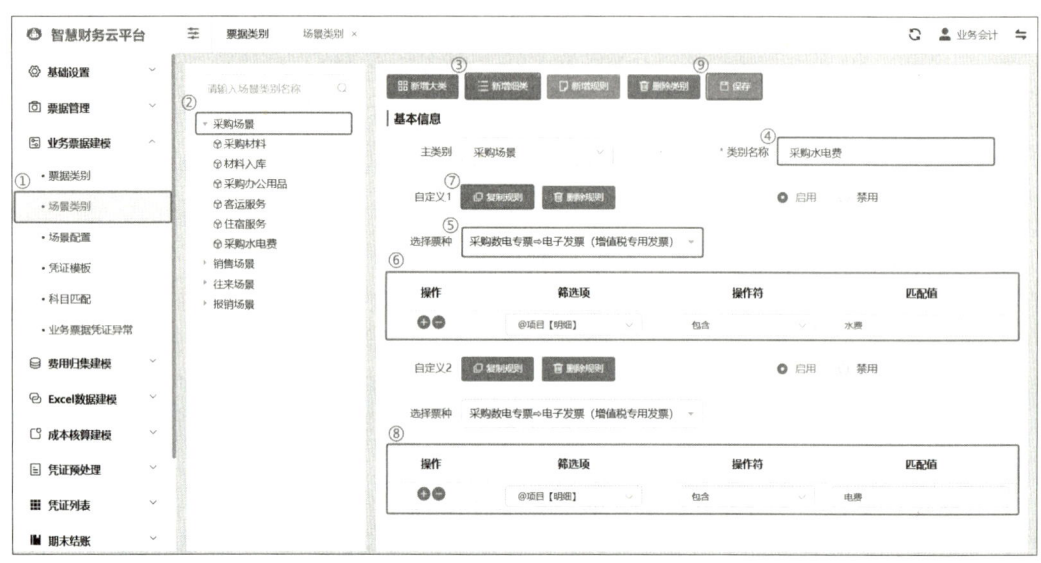

图6-48　新增细类"采购水电费"

2）采购房租费场景

在【采购场景】下新增细类"租赁服务(房屋)",选择票种"采购数电专票—电子发票(增值税专用发票)",操作"@项目【明细】—包含—房租费"(图6-49)。

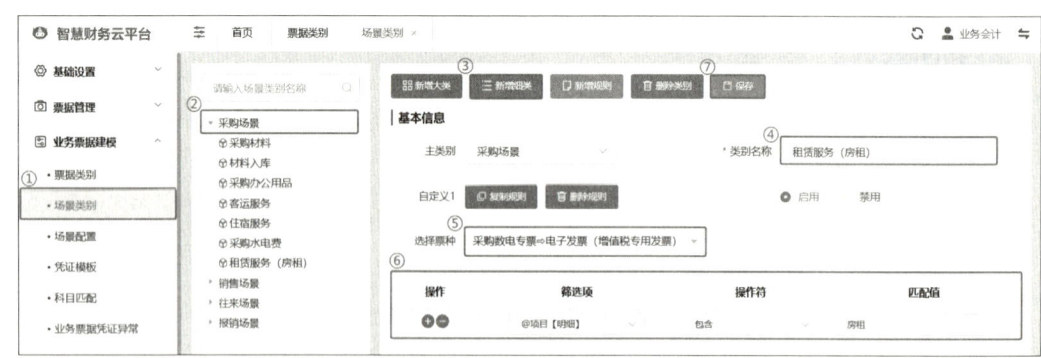

图6-49　新增细类"租赁服务(房屋)"

3. 场景配置设置

1）水电费场景

在【费用业务】主场景下新增场景"水电费",场景类别选择"采购场景—采购水电费",票据类别选中"采购数电专票"(图6-50)。

图 6-50 新增场景"水电费"

2）房租费场景

在【费用业务】主场景下新增场景"房租费",场景类别选择"采购场景—租赁服务（房屋）",票据类别选中"采购数电专票"（图 6-51）。

图 6-51 新增场景"房租费"

4. 凭证模板设置

1）水电费模板

（1）凭证头设置。在【凭证模板】中新增水电费模板,凭证头设置如图 6-52 所示。

图 6-52 凭证头设置

（2）分录设置。摘要可自行填制，如"采购@项目【明细】"，分录设置如图6-53所示。

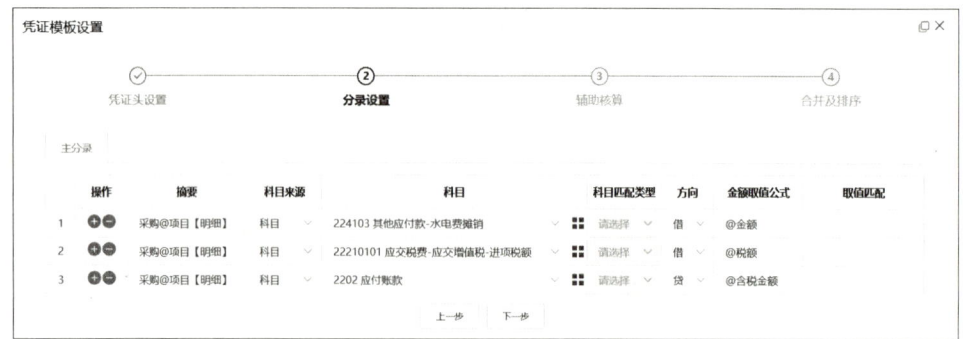

图 6-53　分录设置

（3）辅助核算。新增应付账款辅助核算，在供应商操作中点击"⊕"，固定栏位选择并添加"@销售方"，操作符选择"等于"。辅助核算项"明细"默认"@项目【明细】"（图6-54）。

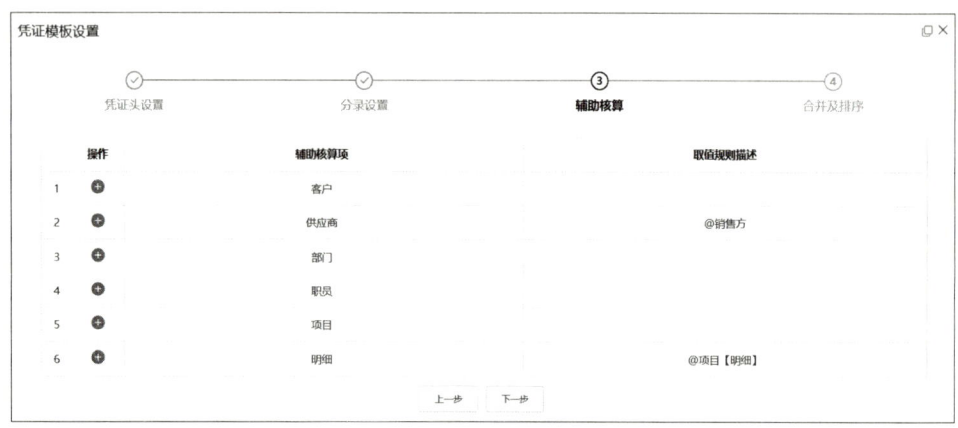

图 6-54　辅助核算

（4）合并及排序。水电费不涉及批次的概念。

2）房租费模板

房租费业务凭证设置与水电费业务凭证设置基本相同，只有分录设置有所区别，房租费业务分录设置如图6-55所示。

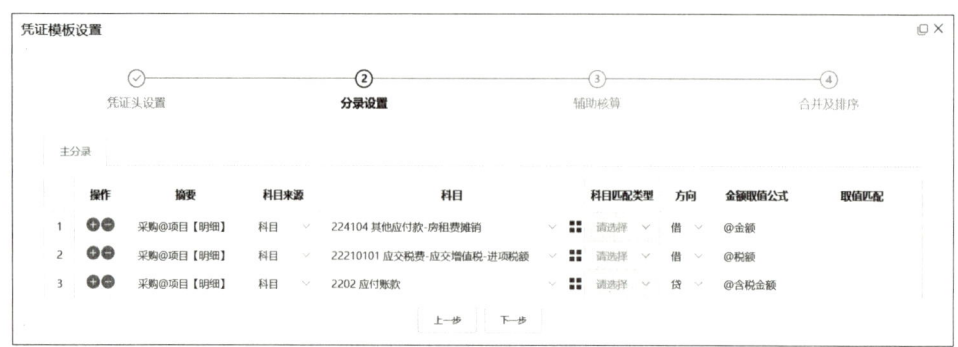

图 6-55　房租费业务分录设置

活动 6.3.4 任务实施

勾选报销水电费和房租费对应的原始凭证,生成 3 张记账凭证,记账凭证示例如图 6-56 所示。

图 6-56　记账凭证示例

职业素养

会计人员处理报销差旅费业务时要注意客运服务的相关税收政策,这会影响到财务机器人业务票据建模中凭证模板的金额取值设置。根据财政部、国家税务总局、海关总署《关于深化增值税改革有关政策的公告》(〔2019〕39 号文)中关于国内旅客运输服务抵扣的有关规定:

对购进国内旅客运输服务,其进项税额可以从销项税额中抵扣。

(1) 取得增值税电子普通发票的,为发票上注明的税额;

(2) 取得注明旅客身份信息的航空运输电子客票行程单的,按照下列公式计算进项税额:

$$航空旅客运输进项税额=(票价+燃油附加费)\div(1+9\%)\times 9\%$$

(3) 取得注明旅客身份信息的铁路车票的,为按照下列公式计算的进项税额:

$$铁路旅客运输进项税额=票面金额\div(1+9\%)\times 9\%$$

(4) 取得注明旅客身份信息的公路、水路等其他客票的,按照下列公式计算进项税额:

$$公路、水路等其他旅客运输进项税额=票面金额\div(1+3\%)\times 3\%。$$

课证融通

请依托财务机器人应用"1+X"职业技能等级证书实训平台,完成下列练习。

1. 2024 年 6 月,上海泰鼎网络科技有限公司销售部职员郑珍和林东分别前往福州和

二维码 6-1

厦门出差参加会议,并各自于本月15日和20日进行差旅费报销。财务部收到原始凭证有:数电发票2张,动车票2张,行程单2张,差旅费报销单2张,共8张单据。

要求:根据上海泰鼎网络科技有限公司提供的企业背景、业务情景和业务票据相关信息,针对2024年6月发生的员工报销差旅费业务,在财务机器人云平台上建立相关业务票据模型并自动生成记账凭证(账期:2024年6月;凭证合并方式:批次合并;分录合并方式:完全合并)。

二维码 6-2

2. 2024年7月,上海泰鼎网络科技有限公司研发部职员王奇力、财务部职员赵晶晶和销售部职员林东分别前往厦门、宁波和合肥出差参加会议,并各自于本月19日、10日和25日进行差旅费报销。财务部收到原始凭证有:数电发票4张,动车票2张,行程单4张,差旅费报销单3张,共13张单据。

要求:根据上海泰鼎网络科技有限公司提供的企业背景、业务情景和业务票据相关信息,针对2024年7月发生的员工报销差旅费业务,在财务机器人云平台上建立相关业务票据模型并自动生成记账凭证(研发部差旅费费用化;账期:2024年7月;凭证合并方式:批次合并;分录合并方式:完全合并)。

二维码 6-3

3. 2024年4月,南京星辰电子商务有限公司行政部职员彭莘莘购买办公耗材,并进行相应的报销。财务部收到的原始凭证有:2张数电发票和2张办公费报销单,共4张单据。

要求:根据南京星辰电子商务有限公司提供的企业背景、业务情景和业务票据相关信息,针对2024年4月发生的报销办公费业务,在财务机器人云平台上建立相关业务票据模型并自动生成记账凭证(账期:2024年4月;凭证合并方式:批次合并;分录合并方式:完全合并)。

二维码 6-4

4. 2024年6月,徐州佳和美商贸有限公司行政部职员张杏红及销售部职员周星光进行办公用品采购,并进行相应的报销。财务部收到的原始凭证有:3张数电发票和3张办公费报销单,共6张单据。

要求:根据徐州佳和美商贸有限公司提供的企业背景、业务情景和业务票据相关信息,针对2024年6月发生的报销办公费业务,在财务机器人云平台上建立相关业务票据模型并自动生成记账凭证(账期:2024年6月;凭证合并方式:批次合并;分录合并方式:完全合并)。

二维码 6-5

5. 2024年8月,福州诚鑫装修有限公司行政部职员陈凌达为招待客户发生餐饮支出并进行相应的报销。财务部收到的原始凭证有:数电发票2张,业务招待费报销单2张,共4张单据。

要求:根据福州诚鑫装修有限公司提供的企业背景、业务情景和业务票据相关信息,针对2024年8月发生的报销业务招待费业务,在财务机器人云平台上建立相关业务票据模型并自动生成记账凭证(账期:2024年8月;凭证合并方式:批次合并;分录合并方式:完全合并)。

二维码 6-6

6. 2024年9月,厦门信德工业有限公司行政部职员洪西科和销售部职员许浩立为招待客户发生住宿支出、餐饮支出及赠送礼品支出并进行相应的报销。财务部收到的原始凭证有:3张数电发票和3张业务招待费报销单,共6张单据。

要求:根据厦门信德工业有限公司提供的企业背景、业务情景和业务票据相关信息,针对2024年9月发生的报销业务招待费业务,在财务机器人云平台上建立相关业务票据模型并自动生成记账凭证(账期:2024年9月;凭证合并方式:批次合并;分录合并方式:完全合并)。

7. 2024年7月,厦门信德工业有限公司发生7—12月房屋租赁费用支出。财务部收到的原始凭证有:数电发票1张。

二维码 6-7

要求:根据厦门信德工业有限公司提供的企业背景、业务情景和业务票据相关信息,针对2024年7月发生的取得下半年房租费发票业务,在财务机器人云平台上建立相关业务票据模型并自动生成记账凭证(账期:2024年7月;凭证合并方式:不合并;分录合并方式:不合并)。

8. 2024年12月,江苏旺丰物流有限公司发生保险费用支出。财务部收到的原始凭证有:数电发票4张。

二维码 6-8

要求:根据江苏旺丰物流有限公司提供的企业背景、业务情景和业务票据相关信息,针对2024年12月发生的取得车辆保险费发票业务,在财务机器人云平台上建立相关业务票据模型并自动生成记账凭证(车辆保险费按年缴费,账期:2024年12月;凭证合并方式:不合并;分录合并方式:相同方向合并)。

9. 2024年10月,南京星辰电子商务有限公司发生水费、电费支出。财务部收到的原始凭证有:数电发票2张。

二维码 6-9

要求:根据南京星辰电子商务有限公司提供的企业背景、业务情景和业务票据相关信息,针对2024年10月发生的取得当月水电费发票业务,在财务机器人云平台上建立相关业务票据模型并自动生成记账凭证(账期:2024年10月;凭证合并方式:不合并;分录合并方式:不合并)。

10. 2024年10月,福州诚鑫装修有限公司发生通信费支出。财务部收到的原始凭证有:数电发票2张。

二维码 6-10

要求:根据福州诚鑫装修有限公司提供的企业背景、业务情景和业务票据相关信息,针对2024年10月发生的取得当月通信费发票业务,在财务机器人云平台上建立相关业务票据模型并自动生成记账凭证(账期:2024年10月;凭证合并方式:不合并;分录合并方式:不合并)。

模块 7 生产业务建模——案例实操

知识目标

（1）了解生产领料业务的含义和内容
（2）明确生产领料的原始凭证，掌握采购业务账务处理
（3）明确生产业务建模的主要步骤

技能目标

（1）能进行生产业务建模操作
（2）能应用财务机器人对生产业务自动生成凭证

素养目标

（1）培养对数字的敏感性和对细节的关注能力，确保所有账务信息准确无误
（2）培养数据分析能力，能够从账务信息中提取有价值的部分，帮助企业做出更好的经营决策

思维导图

模块7 生产业务建模——案例实操 — 任务7.1 生产领料业务建模

项目导入

生产流程又叫工艺流程或加工流程，其是指在生产工艺中，从原料投入到成品产出，通过一定的设备按顺序连续进行加工的过程。生产成本是生产单位为生产产品或提供劳务而发生的各项生产费用，主要包括生产经营过程中实际消耗的原材料、辅助材料、燃料、动力等；企业直接从事产品生产人员的工资和提取的福利费；车间、房屋、建筑物和机器设备的折旧费、租赁费、修理费等；其他为组织、管理生产活动所发生的制造费用等。

厦门铭鸿科技有限公司本月发生了生产领料业务，本章的学习重点在于生产领料的

账务处理。

任务 7.1 生产领料业务建模

活动 7.1.1 任务描述

【业务情景】

2023 年 7 月，厦门铭鸿电子科技有限公司财务部对本月发生的生产领料业务进行了账务处理，本月收到领料单 12 张。

【业务票据】

（1）领料单票据影像（图 7-1）。

铭鸿

领 料 单　　№：95052310

mhgy07080

领料部门：基本生产车间

领料用途：生产LED显示器　　仓库：材料仓　　日期：2023年07月15日

物资类别	品名	单位	规格	数量	单价	金额
原材料	彩色滤光片	个		198	40.00	7920.00
原材料	背光灯管	个		185	10.00	1850.00
合计大写	仟 佰 拾 万 仟 佰 拾 元 角 分 ¥					

第二联 记账联

记账：赵旭　　发料：徐洪泽　　领料：孙鸿

图 7-1 票据影像——领料单

（2）领料单票据信息（图 7-2）。

【业务要求】

根据票据影像设置业务票据建模，依次设置【票据类别】【场景类别】【场景配置】【凭证模板】以及【科目匹配】。设置完成后，对影像管理中的票据影像进行影像审核，生成记账凭证。设置凭证模板时，对于凭证合并方式，有批次的按批次合并，没有批次的不合并；对于分录合并方式，有批次的完全合并，没有批次的不合并。

*票据抬头	领料单	
仓库	仓库	
物资类别	原材料	
所属部门	基本生产车间	
交易日期	2023-07-15	
票据联次	记账联	
用途	生产LED显示器	
金额	9770	
含税金额	9770	
票据编号	95052310	
账期	2023-07	

明细信息

操作	项目【明细】	数量【明细】	单价【明细】	金额【明细】	税额【明细】	含税金额【明细】	单位【明细】	建筑项目名称【明细】
查看	彩色滤光片	198	40	7920		7920	个	
查看	背光灯管	185	10	1850		1850	个	

图 7-2 票据信息——领料单

活动 7.1.2 知识准备

想一想

生产领料业务的账务处理是什么？

知识链接

生产领料业务通常涉及多联次的领料单。企业采用月末一次加权平均法进行原材料成本计算时，可以根据领料单或进销存系统导出的领料汇总数量，在月末编制领料汇总表，并将数据导入 Excel 进行数据建模。在本案例中，企业数据采集直接对接企业仓储系统，系统可以在采集数据后进行计算，获取领料成本，实现通过领料单进行业务票据建模，提高了自动化程度，降低了人工计算的工作量。

活动 7.1.3 任务操作

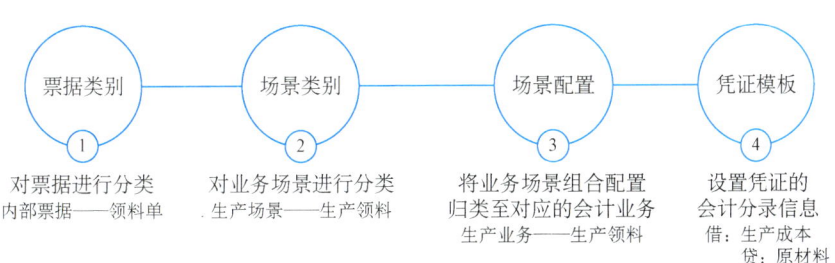

1. 票据类别设置

在【内部票据】下新增细类,类别名称填入"领料单",选择票种"领料单",无需设置筛选明细(图 7-3)。

图 7-3 新增细类"领料单"

2. 场景类别设置

在【场景类别】下新增大类"生产场景",在【生产场景】下新增细类,类别名称填入"生产领料",选择票种"领料单"(图 7-4 和图 7-5)。

图 7-4 新增主类别"生产场景"

3. 场景配置设置

在【场景配置】中新增主场景"生产业务",在生产业务场景下新增场景,场景名称为"生产领料",场景类别选择"生产场景—生产领料",票据类别选中"领料单",领料单作为

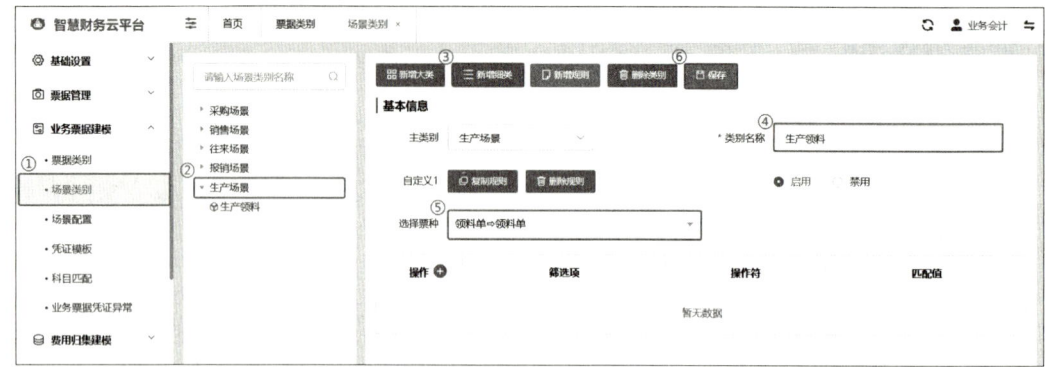

图 7-5　新增细类"生产领料"

主分录设置无需填写组合名称(图 7-6 和图 7-7)。

图 7-6　新增主场景"生产业务"

图 7-7　新增场景"生产领料"

4. 凭证模板设置

1) 凭证头设置

在【凭证模板】中新增"生产领料"模板,凭证头设置如图 7-8 所示。

2) 分录设置

摘要可自行填制,如"@票据抬头@项目【明细】",分录设置如图 7-9 所示。

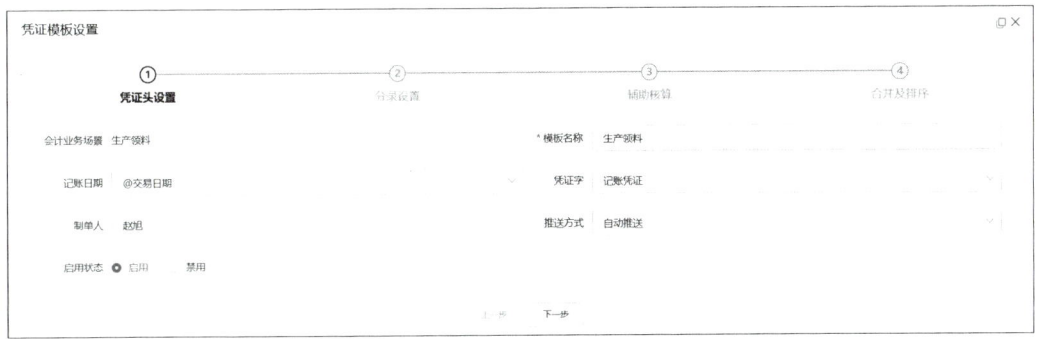

图 7-8 凭证头设置

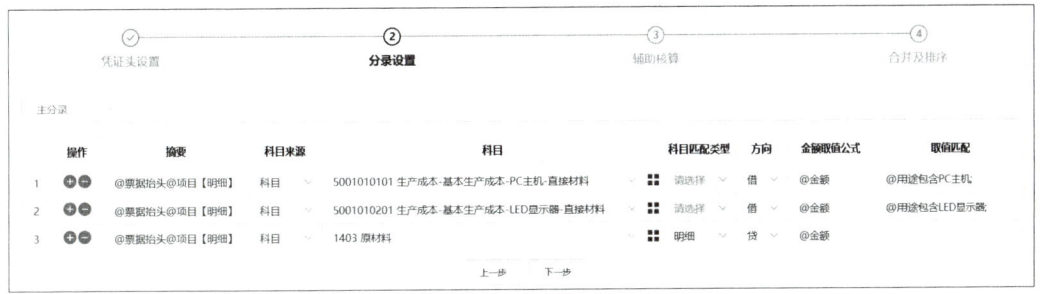

图 7-9 分录设置

> **知识点拨**
>
> 在本案例中,领料单所属部门全部都是"基本生产车间",所以领料全部归为生产领料。根据识别出的不同"用途"进行取值匹配(图 7-2),判定借方科目。

3) 辅助核算

辅助核算项"明细"已默认"@项目【明细】",无需修改。

4) 合并及排序

生产领料票据不涉及批次,因此凭证合并方式和分录合并方式均选择"不合并",分录自定义排序可选择启用"借贷方"。

活动 7.1.4 任务实施

勾选生产领料对应的原始凭证,生成 12 张凭证,记账凭证示例如图 7-10 所示。

凭证字 记 127 号		记账凭证 日期：2023-07-15		附单据：1张
	摘要	会计科目	借方金额	贷方金额
	领料单彩色滤光片	5001010201 生产成本-基本生产成本-LED显示器-直接材料	9,770.00	
	领料单彩色滤光片	140311 原材料-彩色滤光片		7,920.00
	领料单背光灯管	140312 原材料-背光灯管		1,850.00
	合计：玖仟柒佰柒拾元整		9,770.00	9,770.00
制单人：赵旭				

图 7-10 记账凭证示例

请依托财务机器人应用"1＋X"职业技能等级证书实训平台，完成下列练习。

1. 2024 年 6 月，厦门信德工业有限公司财务部对生产领用材料业务进行处理。

要求：根据厦门信德工业有限公司提供的企业背景、业务情景和业务票据相关信息，针对 2024 年 6 月发生的领用材料业务，在财务机器人云平台上建立 Excel 数据模型并上传自动生成记账凭证（分录合并方式：相同方向合并）。

二维码 7-1

2. 2024 年 5 月，厦门信德工业有限公司财务部对生产领用材料业务进行处理。

要求：根据厦门信德工业有限公司提供的企业背景、业务情景和业务票据相关信息，针对 2024 年 5 月发生的领用材料业务，在财务机器人云平台上建立 Excel 数据模型并上传自动生成记账凭证（分录合并方式：不合并）。

二维码 7-2

3. 2024 年 7 月末，厦门信德工业有限公司财务部对领用材料业务进行处理。

要求：根据厦门信德工业有限公司提供的企业背景、业务情景和业务票据相关信息，针对 2024 年 7 月发生的领用材料业务，在财务机器人云平台上建立 Excel 数据模型并上传自动生成记账凭证（分录合并方式：相同方向合并）。

二维码 7-3

模块 8 费用归集建模——案例实操

知识目标

(1) 了解费用归集业务的含义和内容
(2) 明确费用归集业务的数据来源,掌握费用归集业务账务处理
(3) 明确费用归集业务建模的步骤

技能目标

(1) 能进行费用归集业务建模操作
(2) 能应用财务机器人对费用归集业务自动生成凭证

素养目标

(1) 培养诚实守信的职业素养,确保所有财务活动的透明度和公正性
(2) 对财务报告的准确性和完整性承担责任,确保财务决策的正确性

思维导图

模块8 费用归集建模——案例实操
- 任务8.1 固定资产折旧归集建模
- 任务8.2 当期费用归集建模
- 任务8.3 跨期费用归集建模

项目导入

财务机器人对单据进行识别并生成记账凭证有两种形式。

一种是通过业务票据建模的OCR扫描识别票据信息自动生成分录,并推送生成相应的凭证到账簿乃至报表(模块3至模块7)。OCR识别的单据一般是企业获得的常规单据,如增值税专用发票、增值税普通发票、动车票、行程单等。

另一种生成记账凭证的方式适用的情况是没有现成的票据的情况,机器人需要先通

过系统获取数据,然后进行计算和表单填制,最后智能生成凭证,模块 8 至模块 10 介绍的案例都属于这种情况。

厦门铭鸿科技有限公司本月需归集分配折旧费、水电费、房租费三种费用。此类费用归集业务没有对应现成的原始凭证,数据来源规则明确,开发设计为费用归集建模模块。本章的学习重点在于凭证模板的分录设置,难点在于数据获取来源的选择。

任务 8.1 固定资产折旧归集建模

活动 8.1.1 任务描述

【业务情景】

2023 年 7 月,厦门铭鸿电子科技有限公司财务部计提固定资产折旧并生成凭证。

【业务要求】

月末计提固定资产折旧,按所属部门计提。

活动 8.1.2 知识准备

> 想一想
>
> 固定资产折旧有哪些计算方法?固定资产折旧的账务处理是什么?

> 知识链接
>
> 按照《企业会计准则第 4 号——固定资产》的规定,企业应根据固定资产所含经济利益的预期实现方式,科学合理地选择折旧方法。我国企业可选择的折旧方法包括年限平均法、工作量法、年数总和法、双倍余额递减法等。折旧方法一经确定,不得随意改变。

活动 8.1.3 任务操作

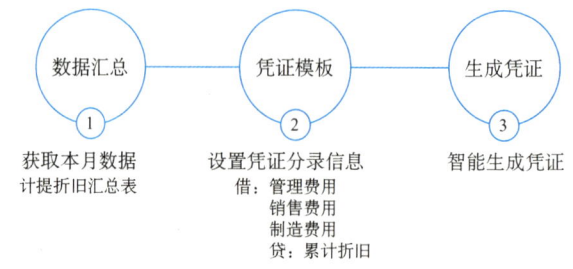

1. 数据汇总

在【费用归集建模】—【固定资产折旧归集】中点击"数据汇总",系统自动生成"计提折旧汇总表",包含使用部门、固定资产类别和月折旧额(图 8-1)。

图 8-1　点击"数据汇总"

2. 凭证模板

点击【凭证模板】进行分录设置,借记各成本费用项目的折旧费,贷记"累计折旧"科目,取值对象分别为各部门和固定资产类别。若一条分录涉及多个取值对象,可以在该条分录取值对象中将所有项目都选中(图 8-2)。

图 8-2　点击【凭证模板】进行分录设置

> **知识点拨**
>
> 分录设置中的取值对象,跟"计提折旧汇总表"中的对象相对应,具体的取值对象根据会计分录取值来源进行判定。例如,计提折旧的借方科目应该是按照使用部门的不同来区分的,所以借方取值对象为各个部门。贷方"累计折旧"科目的明细是按照固定资产类别来区分的,所以贷方取值对象为不同的固定资产类别。

3. 生成凭证

点击生成凭证,系统将智能生成记账凭证(图 8-3)。

记账凭证

凭证字 记 128 号　　　　日期: 2023-07-31　　　　附单据: 张

摘要	会计科目	借方金额	贷方金额
固定资产折旧归集	660107 销售费用-折旧费	343.05	
固定资产折旧归集	660206 管理费用-折旧费	3,794.72	
固定资产折旧归集	510103 制造费用-折旧费	9,579.16	
固定资产折旧归集	1602 累计折旧		13,716.93
合计: 壹万叁仟柒佰壹拾陆元玖角叁分		13,716.93	13,716.93

制单人: 赵旭

图 8-3　记账凭证

任务 8.2　当期费用归集建模

活动 8.2.1　任务描述

【业务情景】

2023 年 7 月,厦门铭鸿电子科技有限公司财务部对水电费进行摊销并生成凭证。

【业务要求】

月末摊销水电费时,借记各种成本费用项目的水电费,贷记"其他应付款——水电费摊销"科目。摊销水费、电费,各部门占比分别为:行政部 1.6%,财务部 2%,销售部 4%,基本生产车间 92.4%。

活动 8.2.2 知识准备

想一想

水电费分摊的账务处理是什么样的？

知识链接

当期费用是指费用的受益期仅限于支付月份，需要在当期进行摊销或计提的费用，如水电费、福利费、培训费等。在对费用进行取值分配时，要先确保取得的费用票据已入账，并能够在科目余额表中查到该票据生成的数据。

本案例中的当期费用是水电费支出，在进行账务处理时，水电费支出需要按照部门进行分摊。在实务中，水电费一般是按月缴纳的，企业需要将水电费分摊到各使用部门。取得水电费发票时，借记"其他应付款——水电费摊销"科目，贷记"应付账款"科目（活动6.3）；通过银行存款支付水电费时，冲销"应付账款"科目（活动5.6）；月末摊销水电费时，借记各种成本费用项目的水电费，贷记"其他应付款——水电费摊销"科目，摊销水费、电费，各部门占比分别为：行政部1.6%，财务部2%，销售部4%，基本生产车间92.4%。

活动 8.2.3 任务操作

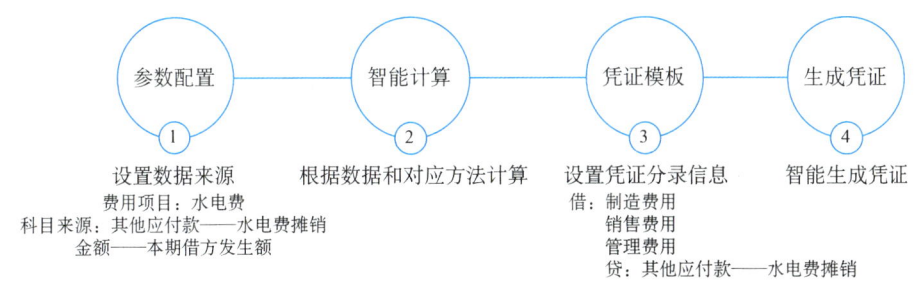

1. 参数配置

在【费用归集建模】—【当期费用归集】中，选择【费用项目】"水电费"，进行参数配置（图8-4）。

待摊销金额记账科目选择"其他应付款——水电费摊销"，待摊销金额记账科目类型选择"本期借方"，再按各部门分配标准填入数据即可完成参数配置（图8-5）。

2. 智能计算

点击【智能计算】，系统将自动从科目余额表取得"其他应付款——水电费摊销"科目本期借方发生额的数据，按照各部门分配标准计算分配金额（图8-6）。

148 财务机器人应用

图 8-4 参数配置

图 8-5 完成参数配置

图 8-6 智能计算

知识点拨

由活动6.3可知,本月发生待分配水费2 000元,待分配电费8 000元,金额可从"其他应付款——水电费摊销"科目本月借方发生额处取得,根据分配比例,系统自动计算各部门分配金额。

3. 凭证模板

点击【凭证模板】进行分录设置,借记各成本费用的水电费,贷记"其他应付款——水电费摊销"科目,取值对象分别为各部门和水电费项目(图8-7)。

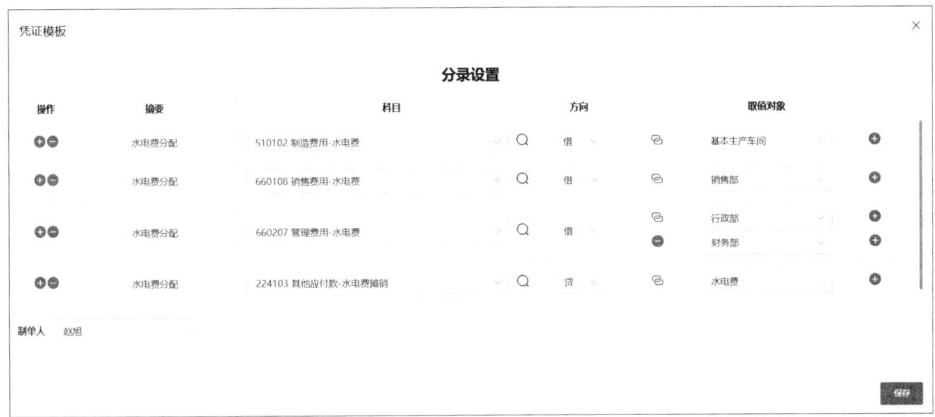

图8-7 凭证模板

知识点拨

取值对象选择对应"费用分配表"。

4. 生成凭证

点击【生成凭证】,系统将智能生成记账凭证,生成的凭证可在【凭证列表】中查看(图8-8)。

记账凭证

凭证字 记129号　　　　日期: 2023-07-31　　　　附单据: 张

摘要	会计科目	借方金额	贷方金额
水电费分配	660108 销售费用-水电费	400.00	
水电费分配	660207 管理费用-水电费	360.00	
水电费分配	510102 制造费用-水电费	9,240.00	
水电费分配	224103 其他应付款-水电费摊销		10,000.00
合计: 壹万元整		10,000.00	10,000.00

制单人: 赵旭

图8-8 记账凭证

任务 8.3 跨期费用归集建模

活动 8.3.1 任务描述

【业务情景】

2023年7月，厦门铭鸿电子科技有限公司财务部对房租费进行摊销并生成凭证。

【业务要求】

月末摊销房租费借记相关成本费用项目，贷记"其他应付款——房租费摊销"科目。摊销房租费按6个月进行分摊，分摊比例如下：行政部2.5%，财务部2%，销售部4%，基本生产车间91.5%。

活动 8.3.2 知识准备

想一想

房租费分摊如何计算？对应的账务处理是什么？

知识链接

跨期费用是指费用的受益期不是或不限于支付月份，而是跨越若干个月份，因此需要在各受益期月份进行摊销或计提的费用，如房租费、保险费等。对于当期取得的跨期费用票据，企业要先确保该票据已入账，能够在科目余额表查到该票据生成的数据。

本案例中的跨期费用是房租费支出，取得房租费发票，借记"其他应付款——房租费摊销"科目，贷记"应付账款"科目（活动6.3）；银行存款支付房租费冲销"应付账款"科目（活动5.6）；月末摊销房租费借记相关成本费用项目，贷记"其他应付款——房租费摊销"科目，摊销房租费按6个月分摊，分摊比例如下：行政部2.5%，财务部2%，销售部4%，基本生产车间91.5%。

活动 8.3.3　任务操作

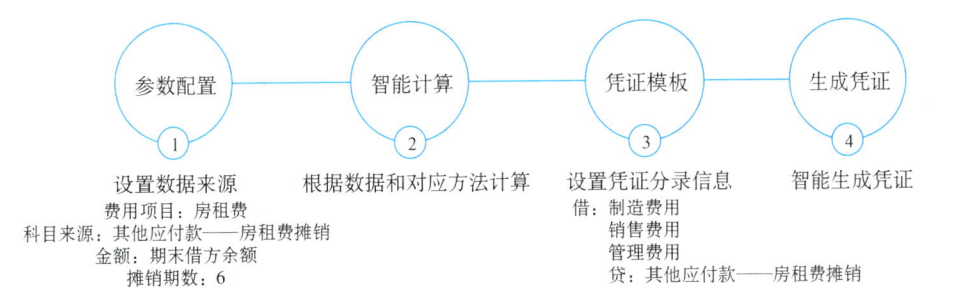

1. 参数配置

在【费用归集建模】—【跨期费用归集】处选择【费用项目】"房租费",进行参数配置(图8-9)。

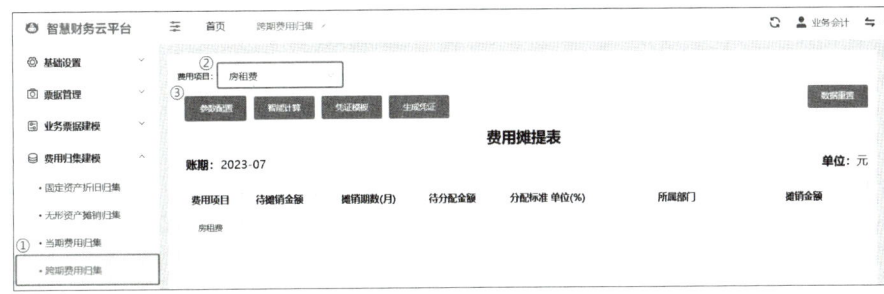

图 8-9　参数配置

【待摊销金额记账科目】选择"其他应付款——房租费摊销",【待摊销金额记账科目类型】选择"期末借方"(因涉及多期,每期均按照期末剩余的金额进行摊销),【摊销期数】填入对应还需要摊销的月数,再按各部门分配标准填入数据(图8-10)。

图 8-10　完成参数配置

> **知识点拨**
>
> 结账到下期后,房租费摊销期数要对应减去1,即本月取得房租费发票,摊销期数填入6,到下个月,摊销期数填入5。

2. 智能计算

点击【智能计算】,系统将自动从科目余额表取得"其他应付款——房租费摊销"科目期末借方余额的数据,按照摊销期数和各部门分配标准计算摊销金额(图8-11)。

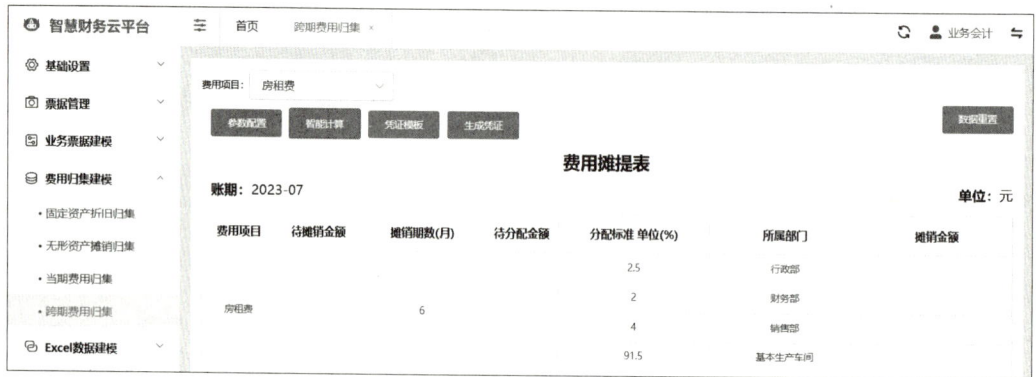

图 8-11　智能计算

3. 凭证模板

设置凭证模板,借记各成本费用的房租费,贷记"其他应付款——房租费摊销"科目,取值对象分别为各部门和房租费项目(图8-12)。

图 8-12　凭证模板

4. 生成凭证

点击生成凭证,系统将智能生成记账凭证,生成的凭证可在【凭证列表】中查看(图8-13)。

模块 8　费用归集建模——案例实操

图 8-13　记账凭证

课证融通

请依托财务机器人应用"1＋X"职业技能等级证书实训平台，完成下列练习。

1. 2024 年 4 月，徐州佳和美商贸有限公司发生计提固定资产折旧业务。要求：根据徐州佳和美商贸有限公司提供的企业背景、业务情景和业务票据相关信息，针对 2024 年 4 月发生的计提固定资产折旧业务，在财务机器人云平台上建立 Excel 数据模型并上传自动生成记账凭证（分录合并方式：不合并）。

二维码 8-1

2. 2024 年 7 月，厦门信德工业有限公司财务部计提固定资产折旧业务进行处理。

要求：根据厦门信德工业有限公司提供的企业背景、业务情景和业务票据相关信息，针对 2024 年 7 月发生的计提固定资产折旧业务，在财务机器人云平台上建立 Excel 数据模型并上传自动生成记账凭证（分录合并方式：不合并）。

二维码 8-2

3. 2024 年 7 月末，徐州佳和美商贸有限公司财务部对办公用房租费摊销业务进行处理。

要求：根据徐州佳和美商贸有限公司提供的企业背景、业务情景和业务票据相关信息，针对 2024 年 7 月发生的房租费摊销业务，在财务机器人云平台上建立 Excel 数据模型并上传自动生成记账凭证（分录合并方式：不合并）。

二维码 8-3

4. 2024 年 6 月，徐州佳和美商贸有限公司财务部对分摊电费业务进行处理。

要求：根据徐州佳和美商贸有限公司提供的企业背景、业务情景和业务票据相关信息，针对 2024 年 6 月发生的分摊电费业务，在财务机器人云平台上建立 Excel 数据模型并上传自动生成记账凭证（分录合并方式：不合并）。

二维码 8-4

5. 2024 年 10 月，厦门信德工业有限公司财务部对分摊水电费业务进行处理。

要求：根据厦门信德工业有限公司提供的企业背景、业务情景和业务票据相关信息，针对 2024 年 10 月发生的分摊水电费业务，在财务机器人云平台上建立 Excel 数据模型并上传自动生成记账凭证（分录合并方式：不合并）。

二维码 8-5

模块 9　Excel 数据建模——案例实操

知识目标

（1）理解期末计提摊销结转等业务的账务处理流程
（2）正确选用 Excel 模板，根据财务工作规范、业务情况等填制表单
（3）根据下载的 Excel 模板数据进行凭证头设置、分录设置、合并及排序等模型配置
（4）掌握期末计提、摊销、结转业务及其他需要填制 Excel 数据表单业务的模型配置及凭证的正确生成

技能目标

能够对企业经营活动中涉及的所有期末计提、摊销、结转等业务内容进行账务处理，准确进行不同费用业务的模板设定

素养目标

（1）在认识 Excel 数据建模对填制表单的作用及意义的基础上，正确认识财务人员在此环节的操作重点及作用
（2）能够正确运用会计基本知识，认真、仔细地进行 Excel 数据建模操作
（3）保持数据的真实性和完整性，认识到数据造假和舞弊行为的危害
（4）遵守职业道德和法律法规，为未来从事财务工作树立良好的职业道德风尚

思维导图

模块9 Excel数据建模——案例实操
- 任务9.1　计提工资业务建模
- 任务9.2　工资结算业务建模
- 任务9.3　结转工会经费业务建模
- 任务9.4　计提坏账准备业务建模

模块 9　Excel 数据建模——案例实操

任务9.5　计提增值税业务建模

任务9.6　计提附加税费业务建模

任务9.7　计提企业所得税业务建模

项目导入

Excel 数据建模主要针对除费用归集建模外的其他计提结转等期末事项相关业务。厦门铭鸿科技有限公司涉及的业务主要包括发放工资、计提工资、结转工会经费、计提坏账准备、结转未交增值税、计提附加税费、计提企业所得税等期末会计处理事项。

任务 9.1　计提工资业务建模

活动 9.1.1　任务描述

【业务情景】

2023 年 7 月,厦门铭鸿电子科技有限公司进行工资计提。

【业务票据】

1. Excel 模板

计提工资汇总表 Excel 模板如图 9-1 所示。

序号	所属部门	基本工资	销售提成	奖金	补贴	应付工资	养老保险(单位)	失业保险(单位)	工伤保险(单位)	生育保险(单位)	医疗保险(单位)	五险合计
1												
2												
3												
4												
5												
6												
7												
—	合计	0.00	0.00	0.00	0.00	0.00	0.00	0.00	0.00	0.00	0.00	0.00

图 9-1　计提工资汇总表 Excel 模板

2. 其他相关资料

（1）7 月份发放工资明细表(图 9-2)。

（2）职工社会保险缴费明细表(图 9-3)。

7月份发放工资明细表

所属单位：厦门铭鸿电子科技有限公司　　所属账期：　2023年7月　　编制日期：　2023年7月10日

序号	姓名	职位	所属部门	基本工资	销售提成	奖金	补贴	应付工资	个人缴纳社保	个人所得税	实际发放
1	张强承	总经理	行政部	8000				8000	318.15	80.46	7601.39
2	洪修梓	行政人员	行政部	4000				4000	318.15	0	3681.85
3	徐洪泽	仓库管理员	行政部	4500				4500	318.15	0	4181.85
合计				16500	0	0	0	16500	954.45	80.46	15465.09
4	王可馨	出纳/兼票据员	财务部	4000				4000	318.15	0	3681.85
5	赵旭	业务会计	财务部	6000				6000	318.15	20.46	5661.39
6	钟莉	审核会计	财务部	5000				5000	318.15	0	4681.85
7	张烨	财务主管	财务部	6500				6500	318.15	0	6181.85
合计				21500	0	0	0	21500	1272.6	20.46	20206.94
8	许萍鑫	销售经理	销售部	6500	300			6800	318.15	44.46	6437.39
9	王志新	业务员	销售部	4000	200			4200	318.15	0	3881.85
合计				10500	500	0	0	11000	636.3	44.46	10319.24
10	孙鸿	生产主管	生产管理部	5000		2000		7000	318.15	50.46	6631.39
合计				5000	0	2000	0	7000	318.15	50.46	6631.39
11	王自强	生产工人	生产车间-PC主机	3800		1200		5000	318.15	0	4681.85
12	陈小青	生产工人	生产车间-PC主机	3800		1000		4800	318.15	0	4481.85
13	王子熙	生产工人	生产车间-PC主机	3800		1500		5300	318.15	0	4981.85
14	雷红丽	生产工人	生产车间-PC主机	3800		1800		5600	318.15	8.46	5273.39
15	张子萱	生产工人	生产车间-PC主机	3800		1500		5300	318.15	0	4981.85
合计				19000	0	7000	0	26000	1590.75	8.46	24400.79
16	张丽	生产工人	生产车间-LED显示器	3800		1200		5000	318.15	0	4681.85
17	李琳琳	生产工人	生产车间-LED显示器	3800		1100		4900	318.15	0	4581.85
18	张立成	生产工人	生产车间-LED显示器	3800		1000		4800	318.15	0	4481.85
19	徐超群	生产工人	生产车间-LED显示器	3800		1300		5100	318.15	0	4781.85
合计				15200	0	4600	0	19800	1272.6	0	18527.4
总计				87700	500	13600	0	101800	6044.85	204.3	95550.85

图 9-2　7 月份发放工资明细表

职工社会保险缴费明细表

序号	姓名	职位	所属部门	缴费基数	养老保险				失业保险				工伤保险				生育保险				医疗保险				合计	
					单位		个人		单位		个人		单位		个人		单位		个人		单位		个人		单位缴费金额	个人缴费金额
					缴费比例	缴费金额	缴费比例	缴费金额	缴费比例	缴费金额	缴费比例	缴费金额	缴费比例	缴费金额	缴费比例	缴费金额	缴费比例	缴费金额	缴费比例	缴费金额	缴费比例	缴费金额	缴费比例	缴费金额		
1	张强承	总经理	行政部	3030.00	19.00%	575.70	8.00%	242.40	0.50%	15.15	0.50%	15.15	0.12%	3.64	0.00%	0.00	0.80%	24.24	0.00%	0.00	9.00%	272.70	2.00%	60.60	891.43	318.15
2	洪修梓	行政人员	行政部	3030.00	19.00%	575.70	8.00%	242.40	0.50%	15.15	0.50%	15.15	0.12%	3.64	0.00%	0.00	0.80%	24.24	0.00%	0.00	9.00%	272.70	2.00%	60.60	891.43	318.15
3	徐洪泽	仓库管理员	行政部	3030.00	19.00%	575.70	8.00%	242.40	0.50%	15.15	0.50%	15.15	0.12%	3.64	0.00%	0.00	0.80%	24.24	0.00%	0.00	9.00%	272.70	2.00%	60.60	891.43	318.15
合计				9090.00		1727.10		727.20		45.45		45.45		10.92		0.00		72.72		0.00		818.10		181.80	2674.29	954.45
4	王可馨	出纳/兼票据员	财务部	3030.00	19.00%	575.70	8.00%	242.40	0.50%	15.15	0.50%	15.15	0.12%	3.64	0.00%	0.00	0.80%	24.24	0.00%	0.00	9.00%	272.70	2.00%	60.60	891.43	318.15
5	赵旭	业务会计	财务部	3030.00	19.00%	575.70	8.00%	242.40	0.50%	15.15	0.50%	15.15	0.12%	3.64	0.00%	0.00	0.80%	24.24	0.00%	0.00	9.00%	272.70	2.00%	60.60	891.43	318.15
6	钟莉	审核会计	财务部	3030.00	19.00%	575.70	8.00%	242.40	0.50%	15.15	0.50%	15.15	0.12%	3.64	0.00%	0.00	0.80%	24.24	0.00%	0.00	9.00%	272.70	2.00%	60.60	891.43	318.15
7	张烨	财务主管	财务部	3030.00	19.00%	575.70	8.00%	242.40	0.50%	15.15	0.50%	15.15	0.12%	3.64	0.00%	0.00	0.80%	24.24	0.00%	0.00	9.00%	272.70	2.00%	60.60	891.43	318.15
合计				12120.00		2302.80		969.60		60.60		60.60		14.56		0.00		96.96		0.00		1090.80		242.40	3565.72	1272.60
8	许萍鑫	销售经理	销售部	3030.00	19.00%	575.70	8.00%	242.40	0.50%	15.15	0.50%	15.15	0.12%	3.64	0.00%	0.00	0.80%	24.24	0.00%	0.00	9.00%	272.70	2.00%	60.60	891.43	318.15
9	王志新	业务员	销售部	3030.00	19.00%	575.70	8.00%	242.40	0.50%	15.15	0.50%	15.15	0.12%	3.64	0.00%	0.00	0.80%	24.24	0.00%	0.00	9.00%	272.70	2.00%	60.60	891.43	318.15
合计				6060.00		1151.40		484.80		30.30		30.30		7.28		0.00		48.48		0.00		545.40		121.20	1782.86	636.30
10	孙鸿	生产主管	生产管理部	3030.00	19.00%	575.70	8.00%	242.40	0.50%	15.15	0.50%	15.15	0.12%	3.64	0.00%	0.00	0.80%	24.24	0.00%	0.00	9.00%	272.70	2.00%	60.60	891.43	318.15
合计				3030.00		575.70		242.40		15.15		15.15		3.64		0.00		24.24		0.00		272.70		60.60	891.43	318.15
11	王自强	生产工人	生产车间-PC主机	3030.00	19.00%	575.70	8.00%	242.40	0.50%	15.15	0.50%	15.15	0.12%	3.64	0.00%	0.00	0.80%	24.24	0.00%	0.00	9.00%	272.70	2.00%	60.60	891.43	318.15
12	陈小青	生产工人	生产车间-PC主机	3030.00	19.00%	575.70	8.00%	242.40	0.50%	15.15	0.50%	15.15	0.12%	3.64	0.00%	0.00	0.80%	24.24	0.00%	0.00	9.00%	272.70	2.00%	60.60	891.43	318.15
13	王子熙	生产工人	生产车间-PC主机	3030.00	19.00%	575.70	8.00%	242.40	0.50%	15.15	0.50%	15.15	0.12%	3.64	0.00%	0.00	0.80%	24.24	0.00%	0.00	9.00%	272.70	2.00%	60.60	891.43	318.15
14	雷红丽	生产工人	生产车间-PC主机	3030.00	19.00%	575.70	8.00%	242.40	0.50%	15.15	0.50%	15.15	0.12%	3.64	0.00%	0.00	0.80%	24.24	0.00%	0.00	9.00%	272.70	2.00%	60.60	891.43	318.15
15	张子萱	生产工人	生产车间-PC主机	3030.00	19.00%	575.70	8.00%	242.40	0.50%	15.15	0.50%	15.15	0.12%	3.64	0.00%	0.00	0.80%	24.24	0.00%	0.00	9.00%	272.70	2.00%	60.60	891.43	318.15
合计				15150.00		2878.50		1212.00		75.75		75.75		18.20		0.00		121.20		0.00		1363.50		303.00	4457.15	1590.75
16	张丽	生产工人	生产车间-LED显示器	3030.00	19.00%	575.70	8.00%	242.40	0.50%	15.15	0.50%	15.15	0.12%	3.64	0.00%	0.00	0.80%	24.24	0.00%	0.00	9.00%	272.70	2.00%	60.60	891.43	318.15
17	李琳琳	生产工人	生产车间-LED显示器	3030.00	19.00%	575.70	8.00%	242.40	0.50%	15.15	0.50%	15.15	0.12%	3.64	0.00%	0.00	0.80%	24.24	0.00%	0.00	9.00%	272.70	2.00%	60.60	891.43	318.15
18	张立成	生产工人	生产车间-LED显示器	3030.00	19.00%	575.70	8.00%	242.40	0.50%	15.15	0.50%	15.15	0.12%	3.64	0.00%	0.00	0.80%	24.24	0.00%	0.00	9.00%	272.70	2.00%	60.60	891.43	318.15
19	徐超群	生产工人	生产车间-LED显示器	3030.00	19.00%	575.70	8.00%	242.40	0.50%	15.15	0.50%	15.15	0.12%	3.64	0.00%	0.00	0.80%	24.24	0.00%	0.00	9.00%	272.70	2.00%	60.60	891.43	318.15
合计				12120.00		2302.80		969.60		60.60		60.60		14.56		0.00		96.96		0.00		1090.80		242.40	3565.72	1272.60
总计				57570.00		10938.30		4605.60		287.85		287.85		69.16		0.00		460.56		0.00		5181.30		1151.40	16937.17	6044.85

图 9-3　职工社会保险缴费明细表

【业务要求】

填制相应的计提工资汇总表并进行相应的模型配置，导入模板自动生成记账凭证（上传文件名称：7 月计提工资汇总表；分录合并方式：完全合并）。

活动 9.1.2　知识准备

想一想

工资是什么？工资包括哪些内容？核算工资的账务处理是什么？

知识链接

职工薪酬是指企业为获得职工提供的服务或解除劳动关系而给予的各种形式的报酬或补偿。职工薪酬包括短期薪酬、离职后福利、辞退福利和其他长期职工福利。短期薪酬包括：职工工资、奖金、津贴和补贴；职工福利费；医疗保险费、养老保险费、失业保险费、工伤保险费和生育保险费等社会保险费；住房公积金；工会经费和职工教育经费；非货币性福利；其他短期薪酬。企业应设置"应付职工薪酬"科目，核算应付职工薪酬的计提、结算、使用等情况。该科目的贷方登记已分配计入有关成本费用项目的职工薪酬，借方登记实际发放的职工薪酬，包括扣还的款项等；期末贷方余额，反映企业应付未付的职工薪酬。

根据案例企业财务工作规范，发放工资代扣的个人社保部分记入"应付职工薪酬"科目；缴纳社保单位缴纳部分和个人缴纳部分全部记入"应付职工薪酬"科目。具体操作流程为：发放工资、月末计提工资并结转医社保费，下载工资社保明细表，填制发放、计提工资汇总表。

活动 9.1.3 任务操作

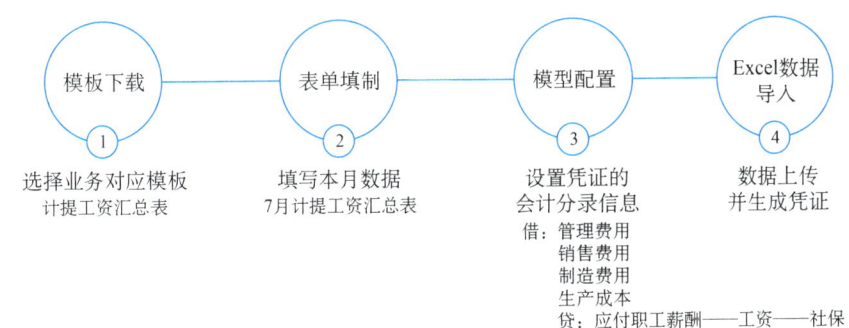

1. 模板下载

在【Excel 数据建模】—【模板下载】处，选择下载"计提工资汇总表"（图 9-4）。

图 9-4 下载"计提工资汇总表"

2. 表单填制

填制"计提工资汇总表"并保存命名为"7月计提工资汇总表"(图9-5)。

计提工资汇总表

所属单位：厦门铭鸿电子科技有限公司　　　所属账期：2023年7月　　　编制日期：2023年7月31日

序号	所属部门	基本工资	销售提成	奖金	补贴	应付工资	养老保险（单位）	失业保险（单位）	工伤保险（单位）	生育保险（单位）	医疗保险（单位）	五险合计
1	财务部	21500.00				21500.00	2302.80	60.60	14.56	96.96	1090.80	3565.72
2	行政部	16500.00				16500.00	1727.10	45.45	10.92	72.72	818.10	2674.29
3	生产车间-LED显示器	15200.00		4800.00		20000.00	2302.80	60.60	14.56	96.96	1090.80	3565.72
4	生产车间-PC主机	19000.00		6700.00		25700.00	2878.50	75.75	18.20	121.20	1363.50	4457.15
5	生产管理部	5000.00		1800.00		6800.00	575.70	15.15	3.64	24.24	272.70	891.43
6	销售部	10500.00	600.00			11100.00	1151.40	30.30	7.28	48.48	545.40	1782.86
7												
—	合计	87700.00	600.00	13300.00	0.00	101600.00	10938.30	287.85	69.16	460.56	5181.30	16937.17

制单：赵旭

图 9-5　填制"计提工资汇总表"

知识点拨

计提工资处理的是应发放给个人的应付工资总额，以及由单位承担的养老保险、失业保险、医疗保险、生育保险、工伤保险。合计金额＝101 600（应付工资总额）＋10 938.3（养老保险）＋287.85（失业保险）＋69.16（工伤保险）＋460.56（生育保险）＋5 181.3（医疗保险）＝118 537.17（元）。

想一想

计提工资时，管理费用与销售费用中借方的社保费是单位缴纳还是个人缴纳的部分？基本生产车间中的生产管理部工资应记入哪个项目？贷方应付职工薪酬社会保险费是单位缴纳还是个人缴纳的部分？

3. 模型配置

在【Excel 数据建模】—【模型配置】处，点击"新增"，进行模型配置(图9-6)。

图 9-6　模型配置

（1）凭证头设置。

模板名称可自行填写，如"工资计提"，文档类型选择模板下载时的对应类型，推送方式选择"自动推送"（图9-7）。

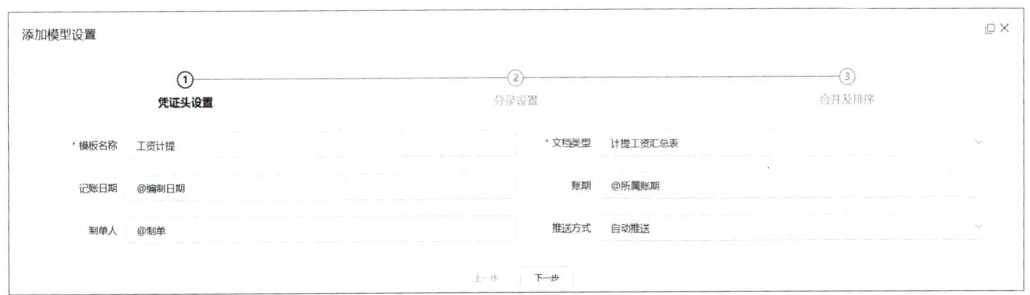

图9-7　凭证头设置

（2）分录设置。

摘要选择"@模板名称"，选择科目对应账户，根据表单数据位置进行金额取值设置（图9-8）。

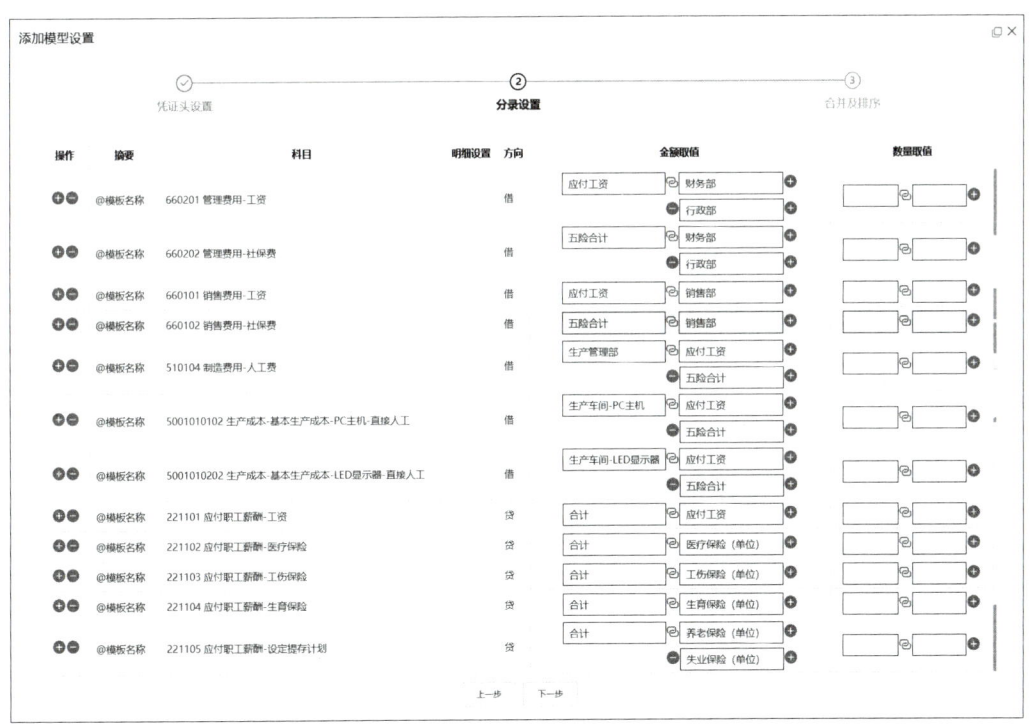

图9-8　分录设置

> **知识点拨**
>
> 金额取值对应填制好的"7月计提工资汇总表"（图9-5）。例如，"管理费用—工资"金额取值对应"应付工资"列数据，对应部门为"财务部"和"行政部"。
>
> 养老保险和失业保险计入"应付职工薪酬——设定提存计划"账户。

(3) 合并及排序。

分录合并方式选择"完全合并",启用分录自定义排序,排序条件选择"借贷方"(图 9-9)。

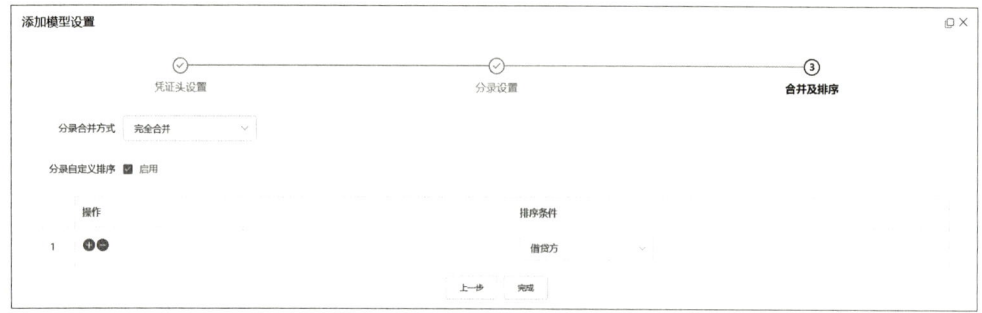

图 9-9　合并及排序

4. Excel 数据导入

在【Excel 数据导入】处,点击"选择文件"(图 9-10)。

图 9-10　点击"选择文件"

选择"7 月计提工资汇总表"(图 9-11)。

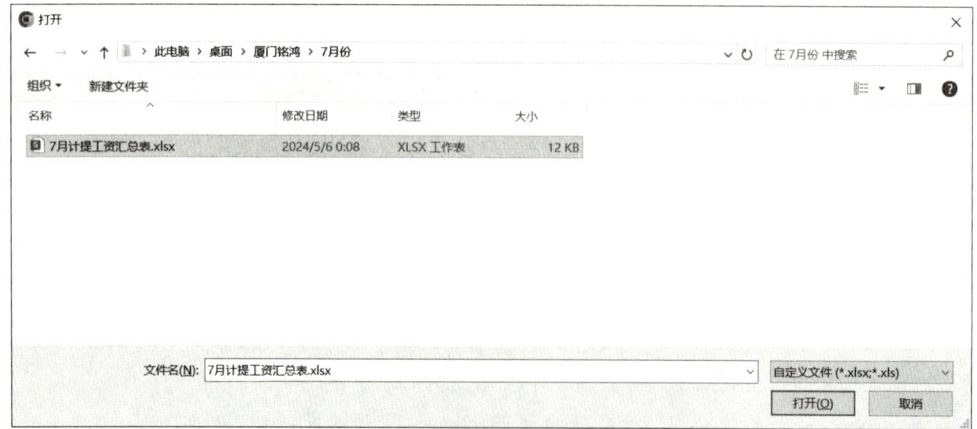

图 9-11　选择"7 月计提工资汇总表"

点击"上传",页面提示"上传成功"即可生成凭证(图 9-12)。

图 9-12 点击"上传"

活动 9.1.4 任务实施

查看凭证列表,已生成 1 张记账凭证(图 9-13)。

记账凭证

凭证字 记 131 号　　日期:2023-07-31　　附单据:1张

摘要	会计科目	借方金额	贷方金额
工资计提	510104 制造费用-人工费	7,691.43	
工资计提	660101 销售费用-工资	11,100.00	
工资计提	660102 销售费用-社保费	1,782.86	
工资计提	660201 管理费用-工资	38,000.00	
工资计提	5001010202 生产成本-基本生产成本-LED显示器-直接人工	23,565.72	
工资计提	5001010102 生产成本-基本生产成本-PC主机-直接人工	30,157.15	
工资计提	660202 管理费用-社保费	6,240.01	
工资计提	221101 应付职工薪酬-工资		101,600.00
工资计提	221103 应付职工薪酬-工伤保险		69.16
工资计提	221102 应付职工薪酬-医疗保险		5,181.30
工资计提	221105 应付职工薪酬-设定提存计划		11,226.15
工资计提	221104 应付职工薪酬-生育保险		460.56
合计:壹拾壹万捌仟伍佰叁拾柒元壹角柒分		118,537.17	118,537.17

制单人:赵旭

图 9-13 记账凭证

任务 9.2 工资结算业务建模

活动 9.2.1 任务描述

【业务情景】

2023年7月,厦门铭鸿电子科技有限公司进行工资结算。

【业务票据】

1. Excel 模板

发放工资汇总表 Excel 模板如图 9-14 所示。

发放工资汇总表							
所属单位:			所属账期:			编制日期:	
序号	所属部门	应付工资	养老保险(个人)	失业保险(个人)	医疗保险(个人)	缴纳个人所得税	实发工资
1							
2							
3							
4							
5							
6							
7							
合计		0.00	0.00	0.00	0.00	0.00	0.00
						制单:	

图 9-14 发放工资汇总表 Excel 模板

2. 其他相关资料

相关单据同工资计提业务,见任务 9.1.1【业务票据】—其他相关资料。

【业务要求】

填制相应的发放工资汇总表并进行相应的模型配置,导入模板自动生成记账凭证(上传文件名称:7月发放工资汇总表;分录合并方式:完全合并)。

活动 9.2.2 知识准备

想一想

发放工资代扣的个人社保部分、社保的单位缴纳部分和个人缴纳部分应记入什么科目?

> **知识链接**
>
> 根据案例企业财务工作规定,发放工资代扣的个人社保部分记入"应付职工薪酬——工资"科目;进行工资结算时,社保个人缴纳部分从"应付职工薪酬——工资"转出,记入"应付职工薪酬——社保"科目。

活动 9.2.3 任务操作

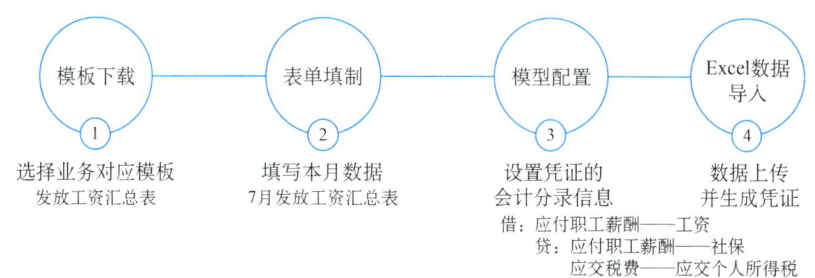

```
模板下载         表单填制         模型配置              Excel数据导入
  ①              ②              ③                   ④
选择业务对应模板  填写本月数据    设置凭证的             数据上传
发放工资汇总表   7月发放工资汇总表  会计分录信息         并生成凭证
                              借:应付职工薪酬——工资
                              贷:应付职工薪酬——社保
                                 应交税费——应交个人所得税
```

1. 模板下载

在【Excel 数据建模】—【模板下载】处,选择下载"发放工资汇总表"(图 9-15)。

图 9-15 选择下载"发放工资汇总表"

2. 表单填制

填制"发放工资汇总表"并保存命名为"7月发放工资汇总表"(图 9-16)。

发放工资汇总表

所属单位:厦门铭鸿电子科技有限公司   所属账期:2023年7月   编制日期:2023年7月10日

序号	所属部门	应付工资	养老保险(个人)	失业保险(个人)	医疗保险(个人)	缴纳个人所得税	实发工资
1	行政部	16500.00	727.20	45.45	181.80	80.46	15465.09
2	财务部	21500.00	969.60	60.60	242.40	20.46	20206.94
3	销售部	11000.00	484.80	30.30	121.20	44.46	10319.24
4	生产管理部	7000.00	242.40	15.15	60.60	50.46	6631.39
5	生产车间-PC主机	26000.00	1212.00	75.75	303.00	8.46	24400.79
6	生产车间-LED显示器	19800.00	969.60	60.60	242.40	0.00	18527.40
7							
	合计	101800.00	4605.60	287.85	1151.40	204.30	95550.85

制单:赵旭

图 9-16 填制"发放工资汇总表"并保存

> **想一想**
>
> 企业发放工资时,实发工资具体应该如何计算得出?

> **知识点拨**
>
> 实发工资应为个人应付工资总额扣减代扣代缴的社保个人部分和个人所得税,故实发工资合计金额=101 800(应付工资总额)— 4 605.60[养老保险(个人)]— 287.85[失业保险(个人)]— 1 151.40[医疗保险(个人)]— 204.30(个人所得税)=95 550.85(元)。工资汇总表中的实发工资则根据银行付款回单批量代发工资体现。(活动5.2)

3. 模型配置

(1) 凭证头设置。

模板名称可自行填写,如"工资结算",文档类型选择模板下载时的对应类型,推送方式选择"自动推送"(图9-17)。

图9-17 凭证头设置

(2) 分录设置。

摘要选择"模板名称",选择科目对应账户,根据表单数据位置进行金额取值设置(图9-18)。

(3) 合并及排序。

分录合并方式选择"完全合并",启用分录自定义排序,排序条件选择"借贷方"。

4. Excel数据导入

在【Excel数据建模】—【Excel数据导入】处,点击"选择文件",选择"7月发放工资汇总表",点击"上传",页面提示"上传成功"即可生成凭证。

模块 9　Excel 数据建模——案例实操

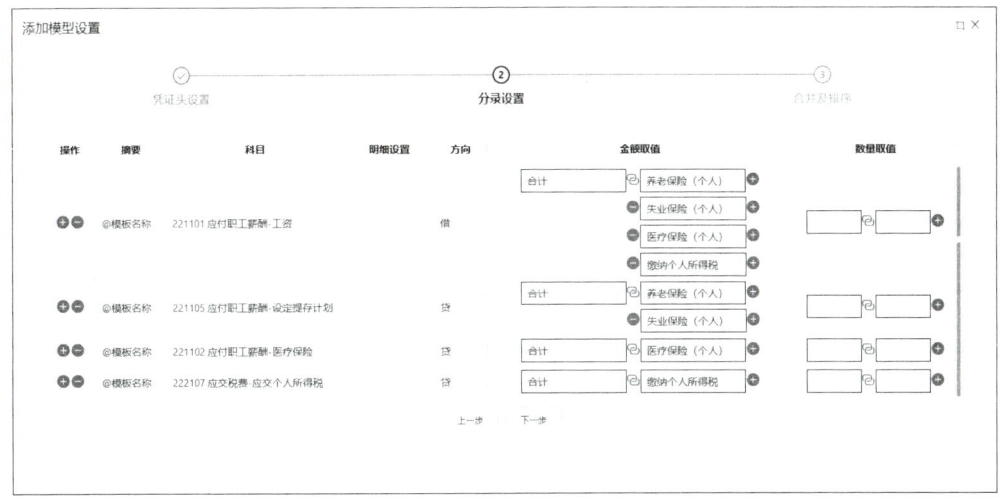

图 9-18　分录设置

活动 9.2.4　任 务 实 施

查看凭证列表,已生成 1 张记账凭证(图 9-19)。

图 9-19　记账凭证

任务 9.3　结转工会经费业务建模

活动 9.3.1　任 务 描 述

【业务情景】

2023 年 7 月,厦门铭鸿电子科技有限公司结转工会经费。

【业务票据】

1. Excel 模板

通用摊销分配表 Excel 模板如图 9-20 所示。

通用摊销分配表

序号	明细项目	—	—	—	分配金额
1					
2					
3					
4					
5					
6					
7					
8					
9					
10					
11					
12					
13					
—	合计			—	

所属单位：　　　　　　　摊销分配项目：
所属账期：　　　　　　　编制日期：

制单：

图 9-20　通用摊销分配表 Excel 模板

2. 其他相关资料

相关单据同工资计提业务，见任务 9.1.1【业务票据】—其他相关资料。

【业务要求】

填制相应的通用摊销分配表并进行相应的模型配置，导入模板自动生成记账凭证（上传文件名称：7月结转工会经费；分录合并方式：完全合并）。

活动 9.3.2　知 识 准 备

想一想

工会经费是什么？工会经费的缴纳比例是多少？结转工会经费的账务处理是什么？

知识链接

工会经费是指工会依法取得并开展正常活动所需的费用。按《中华人民共和国工会法》,工会经费的主要来源是工会会员缴纳的会费和按每月全部职工工资总额的2%向工会拨交的经费这两项,其中2%的工会经费是经费的最主要来源。期末企业结转本期按规定计提基础和比例缴纳的工会经费,借记"生产成本""制造费用""管理费用""销售费用"等科目,贷记"应付职工薪酬——工会经费"科目。

根据案例企业财务工作规定,缴纳工会经费以上个月应付工资金额的2%缴费,月末结转工会经费,按各部门上个月应付工资金额的2%分摊(例如,7月份结转工会经费,以工资社保明细表中的7月份工资发放明细的应付工资为基数计算)。

活动 9.3.3　任务操作

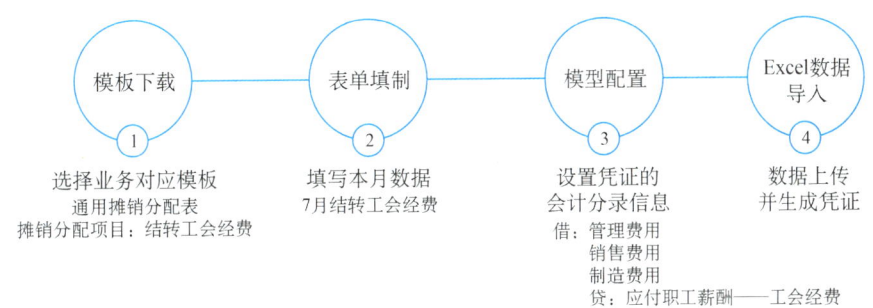

1. 模板下载

在【模板下载】处,选择下载"通用摊销分配表"(图 9-21)。

图 9-21　选择下载"通用摊销分配表"

2. 表单填制

填制"通用摊销分配表"并保存命名为"7月结转工会经费"(图 9-22)。

通用摊销分配表

所属单位：厦门铭鸿电子科技有限公司 　　　　摊销分配项目：结转工会经费
所属账期：2023年7月　　　　　　　　　　　　编制日期：2023年7月31日

序号	明细项目	工资总额	计算比例	所属部门	分配金额
1	工会经费	101800.00	2%	行政部	330.00
2				财务部	430.00
3				销售部	220.00
4				基本生产车间	1056.00
5					
6					
7					
8					
9					
10					
11					
12					
13					
---	合计			---	2036.00

制单：赵旭

图 9-22　填制"通用摊销分配表"并保存

> **知识点拨**
>
> 工资总额取自"7月份发放工资明细表"（图 9-2），具体为 7 月份的应付工资合计金额。

3. 模型配置

（1）凭证头设置。

模板名称可自行填写，如"结转工会经费"，文档类型选择"通用摊销分配表"，摊销分配项目选择"结转工会经费"，推送方式选择"自动推送"（图 9-23）。

图 9-23　凭证头设置

> **知识点拨**
>
> 文档类型选择"通用摊销分配表"后，必须选择具体"摊销分配项目"。

(2) 分录设置。

摘要选择"模板名称"，选择科目对应账户，根据表单数据位置进行金额取值设置(图9-24)。

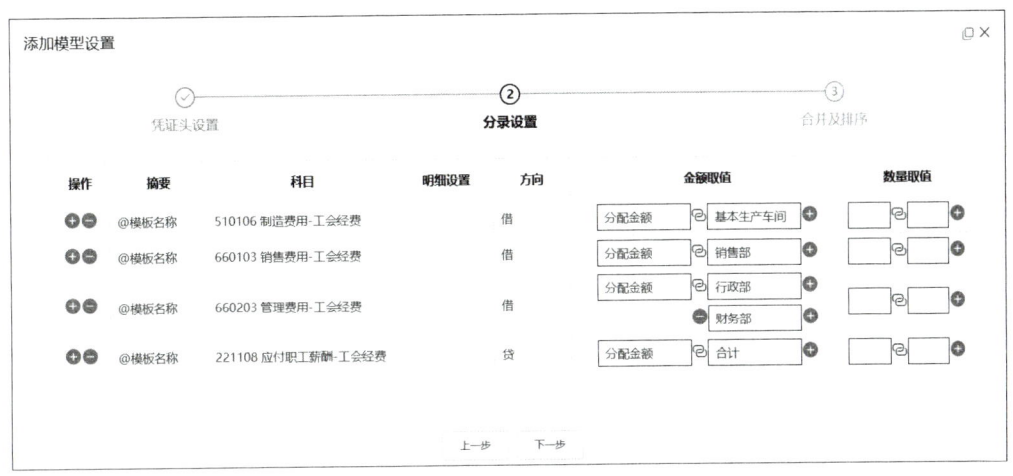

图 9-24　分录设置

(3) 合并及排序。

分录合并方式选择"完全合并"，启用分录自定义排序，排序条件选择"借贷方"。

4. Excel 数据导入

在【Excel 数据建模】—【Excel 数据导入】处，点击"选择文件"，选择"7月结转工会经费"，点击"上传"，页面提示"上传成功"即可生成凭证。

活动 9.3.4　任务实施

查看凭证列表，已生成 1 张记账凭证(图 9-25)。

	记账凭证		
凭证字 记 132 号	日期：2023-07-31		附单据：1张
摘要	会计科目	借方金额	贷方金额
结转工会经费	510106 制造费用-工会经费	1,056.00	
结转工会经费	660103 销售费用-工会经费	220.00	
结转工会经费	660203 管理费用-工会经费	760.00	
结转工会经费	221108 应付职工薪酬-工会经费		2,036.00
合计：贰仟零叁拾陆元整		2,036.00	2,036.00
制单人：赵旭			

图 9-25　记账凭证

任务 9.4 计提坏账准备业务建模

活动 9.4.1 任务描述

【业务情景】

2023 年 7 月,厦门铭鸿电子科技有限公司结转坏账准备。

【业务票据】

通用计提表 Excel 模板如图 9-26 所示。

通用计提表				
所属单位:			计提项目:	
所属账期:			编制日期:	
序号	项目	—	—	—
1				
2				
3				
4				
5				
6				
—	合计			
			制单:	

图 9-26 通用计提表 Excel 模板

【业务要求】

填制相应的通用计提表并进行相应的模型配置,导入模板自动生成记账凭证(上传文件名称:7 月结转工会经费;分录合并方式:完全合并)。

活动 9.4.2 知识准备

想一想

坏账准备是什么?企业通常使用什么方法对坏账进行核算?结转坏账准备的账务处理是什么?

知识链接

企业应当定期或者至少在每年度结束时,对应收款项进行全面检查,预计各项应收款项可能发生的坏账,对没有把握收回的应收款项,应当计提坏账准备。

企业对坏账损失的核算,通常采用备抵法。在备抵法下,企业在每期末要估计坏账损失,设置"坏账准备"账户。备抵法是指采用一定的方法按期(至少每年末)估计坏账损失,提取坏账准备并转作当期费用。实际发生坏账时,直接冲减已计提的坏账准备,同时转销相应的应收账款余额。

根据案例企业财务工作规定,月末计提坏账准备,根据系统应收账款以及其他应收款期末余额,按5%计算本期的坏账准备估计值。

活动 9.4.3 任务操作

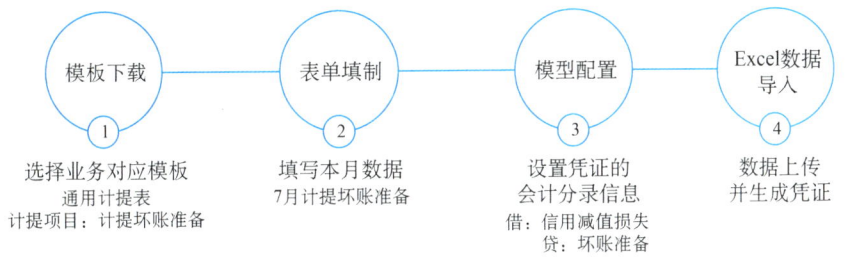

1. 模板下载

在【Excel 数据建模】—【模板下载】处,选择下载"通用计提表"(图 9-27)。

图 9-27 下载"通用计提表"

2. 表单填制

填制"通用计提表"并保存命名为"7月计提坏账准备"(图 9-28)。

通用计提表

所属单位：厦门铭鸿电子科技有限公司　　　　计提项目：计提坏账准备
所属账期：2023年7月　　　　　　　　　　　　编制日期：2023年7月31日

序号	项目	本期估计提坏账准备	期初已计提坏账准备	计提金额
1	应收账款坏账准备	119792.20	115205.20	4587.00
2				
3				
4				
5				
6				
---	合计	119792.20	115205.20	4587.00

制单：赵旭

图9-28 "通用计提表"

知识点拨

在智能云记账中查看科目余额表中"应收账款"和"其他应收款"以及"坏账准备"科目相关数据(图9-29和图9-30)。

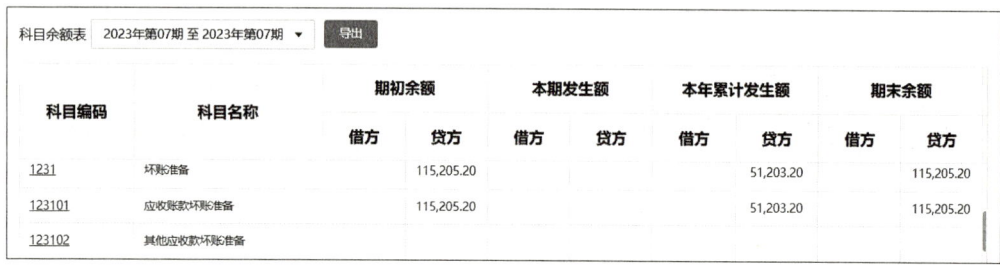

图9-29 查看"坏账准备"等科目相关数据

图9-30 查看"应收账款"科目相关数据

应收账款本期预估坏账 = $2\,395\,844 \times 5\% = 119\,792.2$(元)
其他应收款本期预估坏账 = $0 \times 5\% = 0$(元)
应收账款期初已计提坏账准备 = $115\,205.2$(元)
其他应收款期初已计提坏账准备 = 0(元)
本期应计提坏账准备 = $119\,792.2 - 115\,205.2 = 4\,587$(元)

3. 模型配置

(1) 凭证头设置。

模板名称可自行填写，如"计提坏账准备"，文档类型选择"通用计提表"，计提项目选择"计提坏账准备",推送方式选择"自动推送"(图 9-31)。

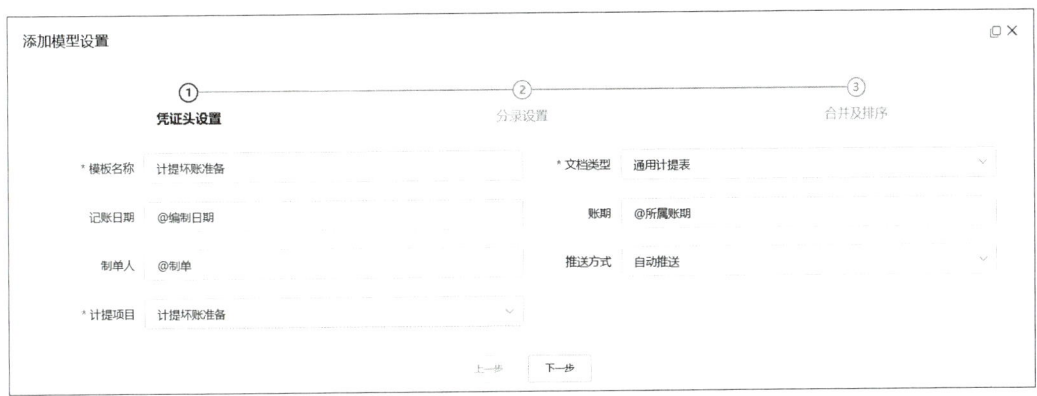

图 9-31　凭证头设置

知识点拨

文档类型选择"通用计提表"后,必须选择具体"计提项目"。

(2) 分录设置。

摘要选择"模板名称",选择科目对应账户,根据表单数据位置进行金额取值设置(图 9-32)。

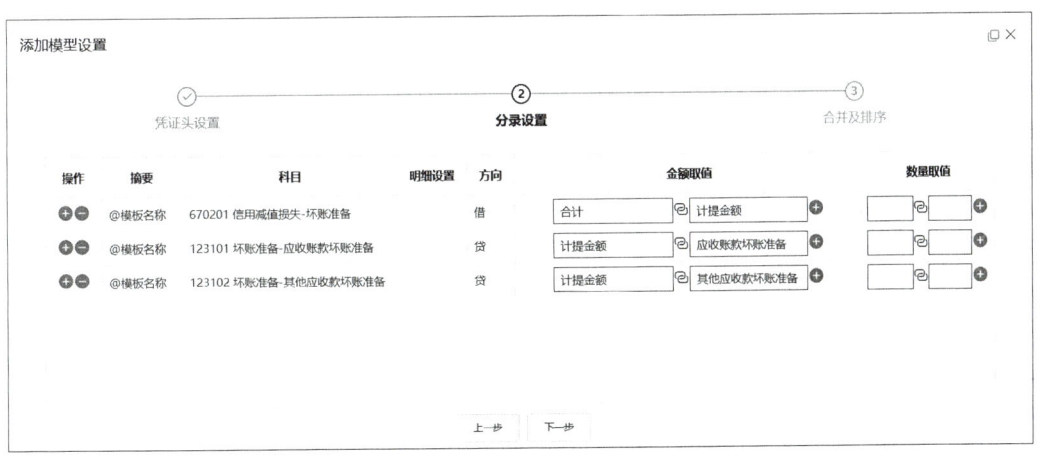

图 9-32　分录设置

想一想

当坏账实际发生时,账务处理又是什么?

(3) 合并及排序。

分录合并方式选择"完全合并",启用分录自定义排序,排序条件选择"借贷方"。

4. Excel 数据导入

在【Excel 数据建模】—【Excel 数据导入】处,点击"选择文件",选择"7 月计提坏账准备",点击"上传",页面提示"上传成功"即可生成凭证。

活动 9.4.4 任务实施

查看凭证列表,已生成 1 张记账凭证(图 9-33)。

记账凭证

凭证字记 133 号	日期:2023-07-31		附单据:1张
摘要	会计科目	借方金额	贷方金额
计提坏账准备	670201 信用减值损失-坏账准备	4,587.00	
计提坏账准备	123101 坏账准备-应收账款坏账准备		4,587.00
合计:肆仟伍佰捌拾柒元整		4,587.00	4,587.00

制单人:赵旭

图 9-33 记账凭证

任务 9.5 计提增值税业务建模

活动 9.5.1 任务描述

【业务情景】

2023 年 7 月,厦门铭鸿电子科技有限公司进行增值税计提。

【业务票据】

计提增值税,填写"通用计提表",见活动 9.4.1【业务票据】。

【业务要求】

填制相应的"通用计提表"并进行相应的模型配置,导入模板自动生成记账凭证(上传文件名称:7 月计提增值税;分录合并方式:完全合并)。

活动 9.5.2 知识准备

想一想

未交增值税是什么？转出未交增值税的账务处理是什么？

知识链接

未交增值税是"应交税费"的二级明细科目，该科目专门用于核算企业尚未缴纳的增值税项，平时无发生额，在月份终了时进行核算。

月份终了，企业应将当月发生的应交未交增值税额自"应交税费——应交增值税"科目转入"未交增值税"明细科目，借记"应交税费——应交增值税（转出未交增值税）"科目，贷记"应交税费——未交增值税"科目。所以"应缴税费——应交增值税——转出未交增值税"科目是有借方余额的，借方余额反映本年度应交未交的增值税。

活动 9.5.3 任务操作

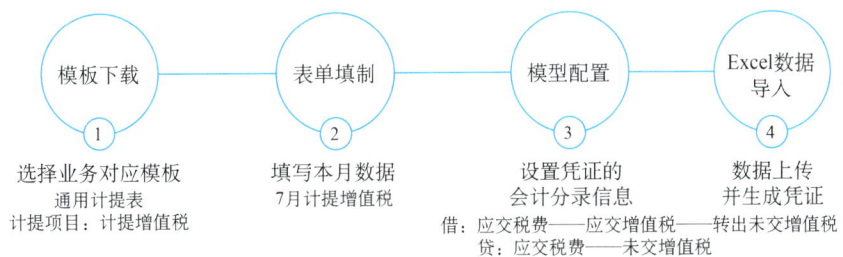

1. 模板下载

在【Excel 数据建模】—【模板下载】处，选择下载"通用计提表"。

2. 表单填制

填制"通用计提表"并保存命名为"7月计提增值税"（图 9-34）。

通用计提表

所属单位：厦门铭鸿电子科技有限公司　　　　计提项目：计提增值税
所属账期：2023年7月　　　　　　　　　　　　编制日期：2023年7月31日

序号	项目	销项税额	可抵扣进项税额	计提金额
1	增值税	238940.00	191117.54	47822.46
2				
3				
4				
5				
6				
---	合计	238940.00	191117.54	47822.46

制单：赵旭

图 9-34　填制《通用计提表》

知识点拨

在【智能云记账】—【科目余额表】中查看 7 月增值税相关数据资料。

与增值税相关的科目有：

"应交税费——应交增值税——销项税额"；

"应交税费——应交增值税——进项税额"；

"应交税费——应交增值税——进项税额转出"；

"应交税费——未交增值税"（图 9-35）。

科目编码	科目名称	期初余额		本期发生额		本年累计发生额		期末余额	
		借方	贷方	借方	贷方	借方	贷方	借方	贷方
222101	应交增值税			191,117.54	238,940.00	1,261,583.04	1,309,405.50	47,822.46	
22210101	进项税额	803,520.20		191,117.54		994,637.74		994,637.74	
22210102	销项税额		1,070,465.50		238,940.00		1,309,405.50		1,309,405.50
22210103	进项税额转出								
22210104	转出未交增值税	266,945.30				266,945.30		266,945.30	
222102	未交增值税		35,621.21	35,621.21		295,274.51	266,945.30		

图 9-35　查看 7 月增值税相关数据资料

由图 9-35 可知，7 月份增值税销项税额为 238 940 元，增值税进项税额为 191 117.54 元，查看"应交税费——未交增值税"明细账可知期初余额在贷方，表示有尚未缴纳的增值税税款，同时说明无上期留抵税额，即 7 月初增值税留抵税额为 0。当期销项税额 — 当期进项税额 — 上期留抵税额＝当期应交增值税增额 47 822.46(元) ＞0，说明 7 月份有应交未交的增值税，应将余额转入"应交税费——未交增值税"明细科目。

想一想

若查看科目余额表"应交税费——未交增值税"明细账存在期初余额在借方，则表示什么含义？

3. 模型配置

（1）凭证头设置。

模板名称可自行填写，如"计提增值税"，文档类型选择"通用计提表"，计提项目选择"计提增值税"，推送方式选择"自动推送"（图 9-36）。

（2）分录设置。

摘要选择"@模板名称"，选择科目对应账户，根据表单数据位置进行金额取值设置（图 9-37）。

模块 9　Excel 数据建模——案例实操

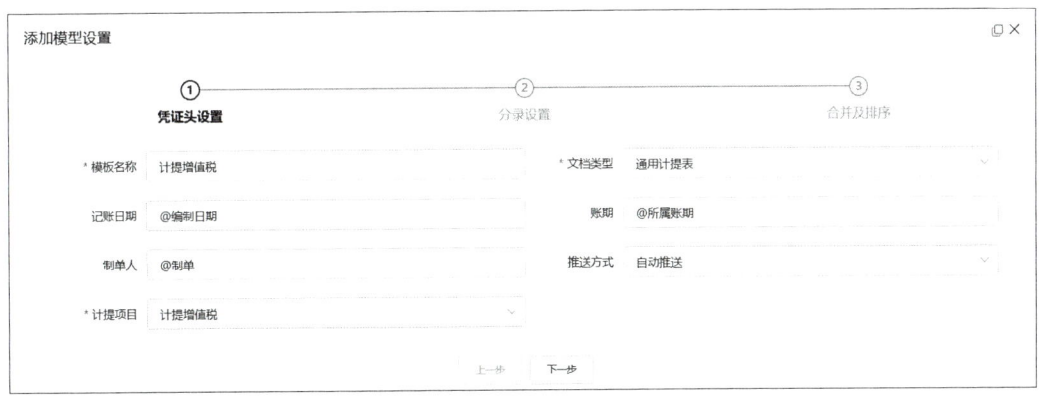

图 9-36　凭证头设置

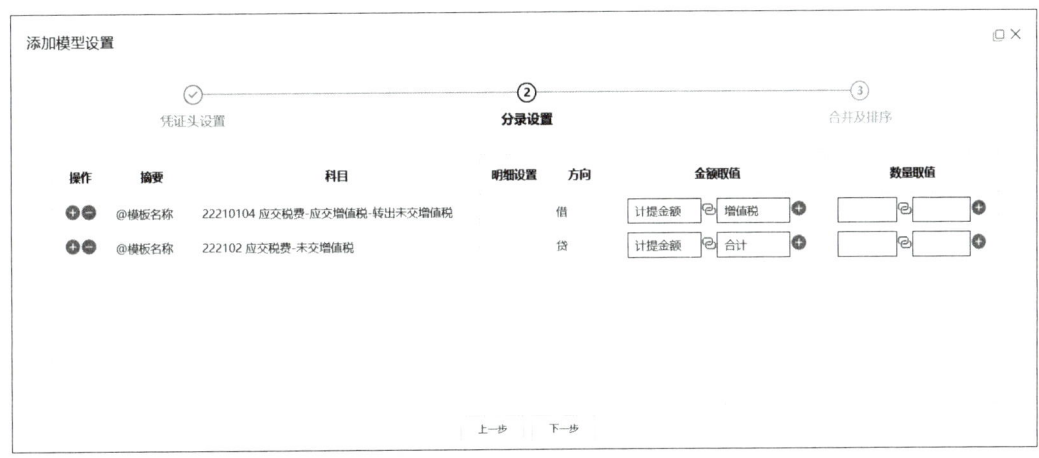

图 9-37　分录设置

（3）合并及排序。

分录合并方式选择"完全合并"，启用分录自定义排序，排序条件选择"借贷方"。

4. Excel 数据导入

在【Excel 数据建模】—【Excel 数据导入】处，点击"选择文件"，选择"7 月计提增值税"，点击"上传"，页面提示"上传成功"即可生成凭证。

活动 9.5.4　任 务 实 施

查看凭证列表，已生成 1 张记账凭证（图 9-38）。

记账凭证

凭证字 记 134 号　　　　　　　　日期：2023-07-31　　　　　　　　附单据：1张

摘要	会计科目	借方金额	贷方金额
计提增值税	22210104 应交税费-应交增值税-转出未交增值税	47,822.46	
计提增值税	222102 应交税费-未交增值税		47,822.46
合计：肆万柒仟捌佰贰拾贰元捌角陆分		47,822.46	47,822.46

制单人：赵娟

图 9-38　记账凭证

任务 9.6　计提附加税费业务建模

活动 9.6.1　任务描述

【业务情景】

2023 年 7 月，厦门铭鸿电子科技有限公司进行附加税费计提。

【业务票据】

计提增值税填写"通用计提表"，见活动 9.4.1【业务票据】。

【业务要求】

填制相应的"通用计提表"并进行相应的模型配置，导入模板自动生成记账凭证。（上传文件名称：7月计提附加税费；分录合并方式：完全合并）

活动 9.6.2　知识准备

🔍 **想一想**

附加税费是什么？附加税费计提和缴纳的账务处理分别是什么？

知识链接

附加税费是以增值税和消费税为计税依据征收的一种税，主要包括城市维护建设税、教育费附加、地方教育附加。

计提时，借记"税金及附加"科目，贷记"应交税费——应交城市维护建设税""应交税费——应交教育费附加"和"应交税费——应交地方教育附加"科目。缴纳时，借记"应交税费——应交城市维护建设税""应交税费——应交教育费附加"和"应交税费——应交地方教育附加"科目，贷记"银行存款"科目。

活动 9.6.3　任务操作

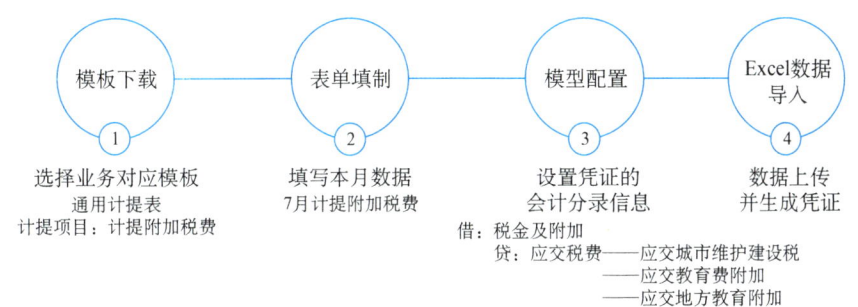

1. 模板下载

在【Excel 数据建模】—【模板下载】处，选择下载"通用计提表"。

2. 表单填制

填制"通用计提表"并保存命名为"7月计提附加税费"（图 9-39）。

通用计提表

所属单位：厦门铭鸿电子科技有限公司　　　　计提项目：计提附加税费
所属账期：2023年7月　　　　　　　　　　　编制日期：2023年7月31日

序号	项目	基数	计提比例	计提金额
1	城市维护建设税	47822.46	7%	1673.79
2	教育费附加	47822.46	3%	717.34
3	地方教育附加	47822.46	2%	478.22
4				
5				
6				
---	合计			2869.35

制单：赵旭

图 9-39　填制"通用计提表"并保存

知识点拨

附加税费计算方法如表 9-1 所示。

表 9-1　附加税费计算方法

要素	城市维护建设税	教育费附加	地方教育附加
征收比率	7%	3%	2%
开征范围	实际缴纳增值税、消费税的单位和个人		
计征依据	以实际缴纳的增值税税额、消费税税额为计征依据		
缴费期限	与增值税、消费税同时缴纳		
计算方式	应纳城市维护建设税＝实际缴纳的增值税税额、消费税税额×7%	应纳教育费附加＝实际缴纳的增值税税额、消费税税额×3%	应纳地方教育附加＝实际缴纳的增值税税额、消费税税额×2%
税收优惠	对增值税小规模纳税人、小型微利企业和个体工商户减半征收资源税(不含水资源税)、城市维护建设税、房产税、城镇土地使用税、印花税(不含证券交易印花税)、耕地占用税和教育费附加、地方教育附加。		

根据查看"应交税费——应交增值税——转出未交增值税"可知 7 月份实际应交纳增值税税额为 47 822.46 元,无消费税税额。

3. 模型配置

(1)凭证头设置。

模板名称可自行填写,如"计提附加税费",文档类型选择"通用计提表",计提项目选择"计提附加税费",推送方式选择"自动推送"(图 9-40)。

图 9-40　凭证头设置

(2)分录设置。

摘要选择"@模板名称",选择科目对应账户,根据表单数据位置进行金额取值设置(图 9-41)。

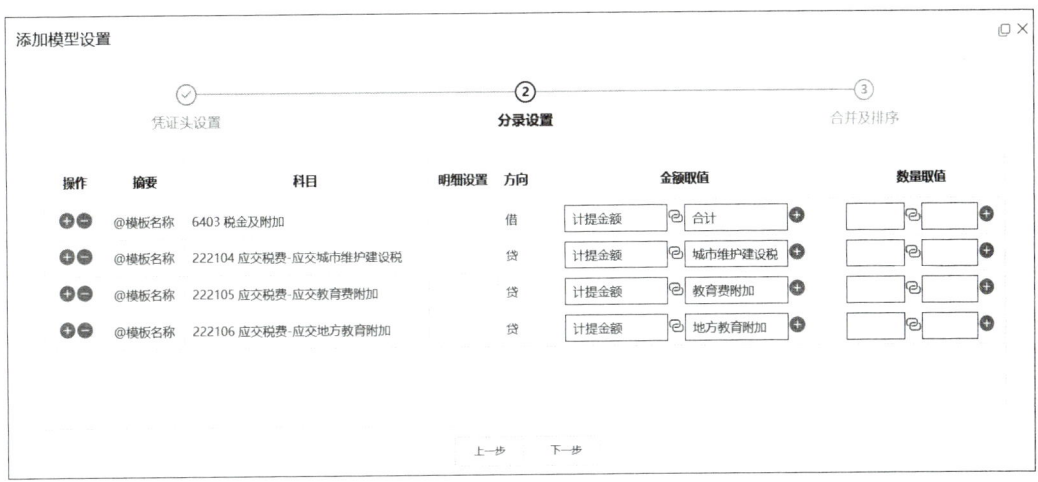

图 9-41 分录设置

(3) 合并及排序。

分录合并方式选择"完全合并",启用分录自定义排序,排序条件选择"借贷方"。

4. Excel 数据导入

在【Excel 数据建模】—【Excel 数据导入】处,点击"选择文件",选择"7月计提附加税费",点击"上传",页面提示"上传成功"即可生成凭证。

活动 9.6.4 任务实施

查看凭证列表,已生成 1 张记账凭证(图 9-42)。

记账凭证

凭证字 记 135 号　　日期:2023-07-31　　附单据:1张

摘要	会计科目	借方金额	贷方金额
计提附加税费	6403 税金及附加	2,869.35	
计提附加税费	222104 应交税费-应交城市维护建设税		1,673.79
计提附加税费	222105 应交税费-应交教育费附加		717.34
计提附加税费	222106 应交税费-应交地方教育附加		478.22
合计:贰仟捌佰陆拾玖元叁角伍分		2,869.35	2,869.35

制单人:赵旭

图 9-42 记账凭证

任务 9.7 计提企业所得税业务建模

活动 9.7.1 任务描述

【业务情景】

2023 年 7 月,厦门铭鸿电子科技有限公司计提企业所得税。

【业务票据】

计提增值税填写"通用计提表",见活动 9.4.1【业务票据】。

【业务要求】

填制相应的"通用计提表"并进行相应的模型配置,导入模板自动生成记账凭证(上传文件名称:7 月计提企业所得税;分录合并方式:完全合并)。

活动 9.7.2 知识准备

想一想

企业所得税是什么?企业所得税的计算方法是什么?计提所得税的账务处理是什么?

知识链接

企业所得税是对我国境内的企业和其他取得收入的组织的生产经营所得和其他所得征收的一种所得税。

企业当期应交所得税＝应纳税所得额×所得税税率。计提时,借记"所得税费用"科目,贷记"应交税费——应交企业所得税"科目。

说明:计提企业所得税之前,需要先计算结转完工产品成本、销售出库成本,因此需要先完成"模块 10 成本核算建模——案例实操",再计提企业所得税。为了保证模块九的完整性,此处的顺序不再调整,学生需要先行完成模块十,再计提企业所得税。

活动 9.7.3 任务操作

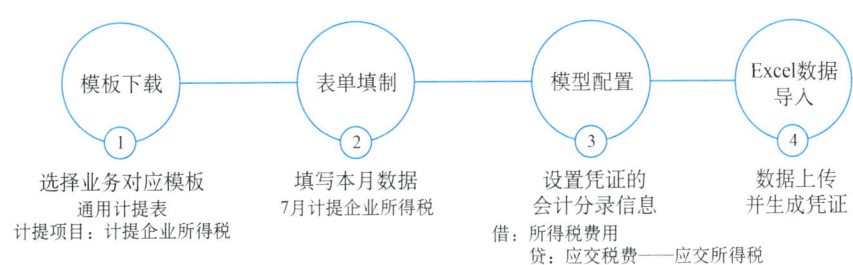

1. 模板下载

在【Excel 数据建模】—【模板下载】处,选择下载"通用计提表"。

2. 表单填制

填制"通用计提表"并保存命名为"7 月计提企业所得税"(图 9-43)。

图 9-43 填制"通用计提表"并保存

> **知识点拨**
>
> 业务会计查看【智能云记账】—【期末结账】模块中结转损益的金额,该金额为当期利润总额 310 388.83 元。本企业适用小微企业所得税税收优惠政策:对小型微利企业年应纳税所得额不超过 300 万元的,减按 25% 计入应纳税所得额,按 20% 的税率缴纳企业所得税,则本期应计提的企业所得为 15 519.44 元(310 388.83×25%×20%)(图 9-44)。

图 9-44　查看【智能云记账】—【期末结账】模块中结转损益的金额

3. 模型配置

（1）凭证头设置。

模板名称可自行填写，如"计提企业所得税"，文档类型选择"通用计提表"，计提项目选择"计提企业所得税"，推送方式选择"自动推送"（图 9-45）。

图 9-45　凭证头设置

（2）分录设置。

摘要选择"@模板名称"，选择科目对应账户，根据表单数据位置进行金额取值设置（图 9-46）。

（3）合并及排序。

分录合并方式选择"完全合并"，启用分录自定义排序，排序条件选择"借贷方"。

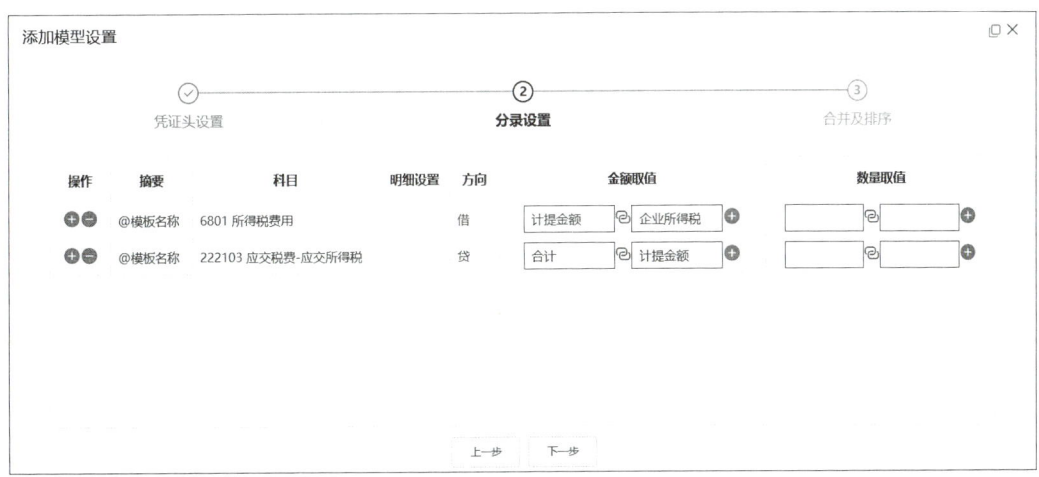

图 9-46 分录设置

4. Excel 数据导入

在【Excel 数据建模】—【Excel 数据导入】处，点击"选择文件"，选择"7 月计提附加税费"，点击"上传"，页面提示"上传成功"即可生成凭证。

活动 9.7.4 任务实施

查看凭证列表，已生成 1 张记账凭证（图 9-47）。

记账凭证

凭证字 记 139 号　　　　　　　　　　　　日期：2023-07-31　　　　　　　　　　　　附单据：1张

摘要	会计科目	借方金额	贷方金额
计提企业所得税	6801 所得税费用	15,519.44	
计提企业所得税	222103 应交税费-应交所得税		15,519.44
合计：壹万伍仟伍佰壹拾玖元肆角肆分		15,519.44	15,519.44

制单人：赵旭

图 9-47 记账凭证

> 🔍 **想一想**
>
> 实际缴纳所得税时的账务处理是什么？

> 课程思政

智能助手财务机器人

在一个现代化的财务办公室里,有一位年轻的财务分析师小杨。他勤奋好学,总是努力提高自己的专业能力。有一天,公司引入了一台新型的财务机器人来帮助员工更高效地完成财务数据分析工作。

财务机器人不仅拥有强大的数据处理能力,而且能协助员工建立精确的 Excel 财务模型。小杨作为财务团队的一员,非常期待能够与这位智能助手共事。一开始,财务机器人需要学习和理解公司的财务状况以及财务分析的要求。小杨积极协助财务机器人适应新环境,为其提供了大量历史数据作为学习的材料。在此过程中,小杨不断向财务机器人灌输诚信意识和职业道德,强调在建模过程中保持数据的真实性和完整性。

财务机器人进步神速,很快便能协助小杨处理大量财务数据。他们一起建立了一个精确的 Excel 财务模型,用于预测公司的未来财务状况。在人机"共事"的过程中,小杨的逻辑思维和决策能力得到了锻炼,而财务机器人则通过不断地学习和实践,逐渐变得更加智能和高效。

一天,小杨发现模型中某一项数据存在异常。他立即与财务机器人一起检查数据来源和处理过程,发现原来是某个数据输入错误导致的。小杨和财务机器人迅速修正了错误,并重新进行了模型分析。这次经历让小杨深刻认识到数据准确性的重要性,也让他更加珍惜与财务机器人的合作机会。

随着时间的推移,小杨和财务机器人的合作越来越默契。他们共同建立了多个精确的 Excel 财务模型,为公司提供了宝贵的财务分析结果和决策建议。这些模型不仅提高了公司的财务管理水平,而且为公司的长远发展提供了有力支持。小杨和财务机器人的故事传遍了整个公司,成为员工们学习的榜样。他们以实际行动诠释了财务工作的诚信和专业精神,展示了财务机器人在现代财务管理中的重要作用。在他们的带领下,公司的财务团队变得更加团结和高效,为公司的未来发展注入了新的活力。

Excel 建模需要遵循以下原则。
- 真实性:业务发生必须真实和完整。
- 合法性:业务单据必须是合法单据。
- 准确性:正确运用会计知识,各类摊销、分配必须准确。
- 时效性:各项业务要在规定时间内完成。

请依托财务机器人应用"1+X"职业技能等级证书实训平台,完成下列练习。

1. 2024 年 5 月,厦门信德工业有限公司财务部对计提生产车间人工成本业务进行处理。

要求:根据厦门信德工业有限公司提供的企业背景、业务情景和业务票据相关信息,针对2024年5月发生的计提生产车间人工成本业务,在财务机器人云平台上建立Excel数据模型并上传自动生成记账凭证(分录合并方式:相同方向合并)。

2. 2024年4月,厦门信德工业有限公司财务部对计提生产车间人工成本业务进行处理。

要求:根据厦门信德工业有限公司提供的企业背景、业务情景和业务票据相关信息,针对2024年4月发生的计提生产车间人工成本业务,在财务机器人云平台上建立Excel数据模型并上传自动生成记账凭证(分录合并方式:不合并)。

二维码 9-2

3. 2024年8月末,厦门信德工业有限公司财务部对计提生产车间人工成本业务进行处理。

要求:根据厦门信德工业有限公司提供的企业背景、业务情景和业务票据相关信息,针对2024年8月发生的计提生产车间人工成本业务,在财务机器人云平台上建立Excel数据模型并上传自动生成记账凭证(分录合并方式:不合并)。

二维码 9-3

4. 2024年7月,厦门信德工业有限公司财务部对计提坏账准备业务进行处理。

要求:根据厦门信德工业有限公司提供的企业背景、业务情景和业务票据相关信息,针对2024年7月发生的计提应收账款、其他应收款坏账准备业务,在财务机器人云平台上建立Excel数据模型并上传自动生成记账凭证(分录合并方式:不合并)。

二维码 9-4

5. 2024年4月,厦门信德工业有限公司财务部对无形资产摊销业务进行处理。

要求:根据厦门信德工业有限公司提供的企业背景、业务情景和业务票据相关信息,针对2024年4月发生的无形资产摊销业务,在财务机器人云平台上建立Excel数据模型并上传自动生成记账凭证(分录合并方式:不合并)。

二维码 9-5

6. 2024年4月,徐州佳和美商贸有限公司财务部对摊销保险费业务进行处理。

要求:根据徐州佳和美商贸有限公司提供的企业背景、业务情景和业务票据相关信息,针对2024年4月发生的保险费摊销业务,在财务机器人云平台上建立Excel数据模型并上传自动生成记账凭证(分录合并方式:不合并)。

二维码 9-6

7. 2024年5月,徐州佳和美商贸有限公司财务部对结转非货币性福利业务进行处理。

要求:根据徐州佳和美商贸有限公司提供的企业背景、业务情景和业务票据相关信息,针对2024年5月发生的结转非货币性福利业务,在财务机器人云平台上建立Excel数据模型并上传自动生成记账凭证(分录合并方式:不合并)。

二维码 9-7

8. 2024年7月,徐州佳和美商贸有限公司财务部对分摊通信费业务进行处理。

要求:根据徐州佳和美商贸有限公司提供的企业背景、业务情景和业务票据相关信息,针对2024年7月发生的分摊通信费业务,在财务机器人云平台上建立Excel数据模型并上传自动生成记账凭证(分录合并方式:不合并)。

二维码 9-8

9. 2024年7月末,福州诚鑫装修有限公司财务部对计提增值税业务进行处理。

要求:根据福州诚鑫装修有限公司提供的企业背景、业务情景和业务票据相关信息,针对2024年7月发生的计提增值税业务,在财务机器人云平台上建立Excel数据模型并

二维码 9-9

上传自动生成记账凭证(分录合并方式:不合并)。

10. 2024年8月末,上海泰鼎网络科技有限公司财务部对计提附加税费业务进行处理。

要求:根据上海泰鼎网络科技有限公司提供的企业背景、业务情景和业务票据相关信息,针对2024年8月发生的计提附加税费业务,在财务机器人云平台上建立Excel数据模型并上传自动生成记账凭证(分录合并方式:不合并)。

二维码 9-10

11. 2024年11月末,上海泰鼎网络科技有限公司财务部对无形资产摊销业务进行处理(研发部无形资产摊销做费用化处理)。

要求:根据上海泰鼎网络科技有限公司提供的企业背景、业务情景和业务票据相关信息,针对2024年11月发生的无形资产摊销业务,在财务机器人云平台上建立Excel数据模型并上传自动生成记账凭证(分录合并方式:不合并)。

二维码 9-11

12. 2024年8月,江苏旺丰物流有限公司财务部对货车保险费摊销业务进行处理。

要求:根据江苏旺丰物流有限公司提供的企业背景、业务情景和业务票据相关信息,针对2024年8月发生的摊销保险费业务,在财务机器人云平台上建立Excel数据模型并上传自动生成记账凭证(分录合并方式:不合并)。

二维码 9-12

13. 2024年12月,徐州佳和美商贸有限公司财务部对结转职工教育经费业务进行处理。

要求:根据徐州佳和美商贸有限公司提供的企业背景、业务情景和业务票据相关信息,针对2024年12月发生的结转职工教育经费业务,在财务机器人云平台上建立Excel数据模型并上传自动生成记账凭证(分录合并方式:不合并)。

14. 2024年9月,江苏旺丰物流有限公司财务部对分摊通信费业务进行处理。

要求:根据江苏旺丰物流有限公司提供的企业背景、业务情景和业务票据相关信息,针对2024年9月发生的分摊通信费业务,在财务机器人云平台上建立Excel数据模型并上传自动生成记账凭证(分录合并方式:不合并)。

二维码 9-14

模块 10 成本核算建模——案例实操

知识目标

(1) 了解制造费用归集与分配业务的含义和内容

(2) 了解产品完工成本核算业务的含义和内容

(3) 了解销售出库核算业务的含义和内容

(4) 明确成本核算业务的数据来源

(5) 明确成本核算业务建模的操作步骤

技能目标

(1) 能进行制造费用归集与分配业务的建模操作

(2) 能进行产品完工成本核算业务的建模操作

(3) 能进行销售出库核算业务的建模操作

(4) 能应用财务机器人对成本核算业务自动生成凭证

素养目标

(1) 具备成本意识,能够通过账务处理来控制生产成本,帮助企业优化资源配置,减少浪费

(2) 从宏观角度,明确哪些开支为必要支出,哪些开支可予以削减,以及哪些成本需通过预先的决策过程进行优化

思维导图

模块10 成本核算建模——案例实操
- 任务10.1 制造费用归集与分配业务建模
- 任务10.2 产品成本核算业务建模
- 任务10.3 销售出库核算业务建模

项目导入

成本核算建模模块涉及制造费用归集与分配、产品成本核算、销售出库核算模块。本模块围绕智能成本核算核心知识点展开,介绍生产经营过程中实际发生的各种耗费的计算分配,并进行相应的账务处理,进而完成产品成本核算,并最终完成当期销售出库成本核算。

任务 10.1 制造费用归集与分配业务建模

活动 10.1.1 任务描述

【业务情景】

2023年7月,厦门铭鸿电子科技有限公司财务部对本月制造费用进行归集与分配。

【业务要求】

根据案例企业财务工作规范,设置成本核算建模,依次进行参数配置、智能计算、凭证模板设置、生成凭证操作。

案例企业相关财务工作规范:月末摊销分配制造费用,将制造费用分配到PC主机和LED显示器的生产成本中,制造费用分配方法采用机器工时比例法。

活动 10.1.2 知识准备

想一想

制造费用由哪些内容组成?分配制造费用的账务处理是什么?

知识链接

制造费用是企业为生产产品或提供劳务而发生的,应计入产品成本但没有专设成本项目的各项间接生产费用。制造费用的核算项目是企业生产车间(部门)为生产产品和提供劳务而发生的各项间接生产费用,以及虽然直接用于产品生产但在管理上不要求或不便于单独核算的生产费用。其主要内容有:保险费、水费、电费、物料消耗、劳保费、修理费、季节性及修理期间停工损失等。

企业应设置"制造费用"账户进行总分类核算。该账户应按不同的生产单位设立明细账,账内按照费用项目设立专栏或专户,分别反映生产单位各项制造费用的发生情况。"制造费用"账户属于成本费用类账户,借方登记归集发生的制造费用,贷方反映制造费用的分配,月末无余额。结转制造费用时,借方记入"生产成本"科目,当月发生的制造费用通过贷方转出。

活动 10.1.3 任务操作

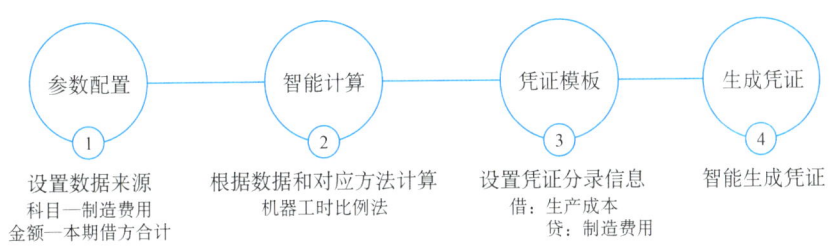

1. 参数配置

点击【成本核算建模】—【制造费用归集与分配】,能看到空白的"制造费用分配表",点击"参数配置",设置制造费用分配参数(图 10-1 和图 10-2)。

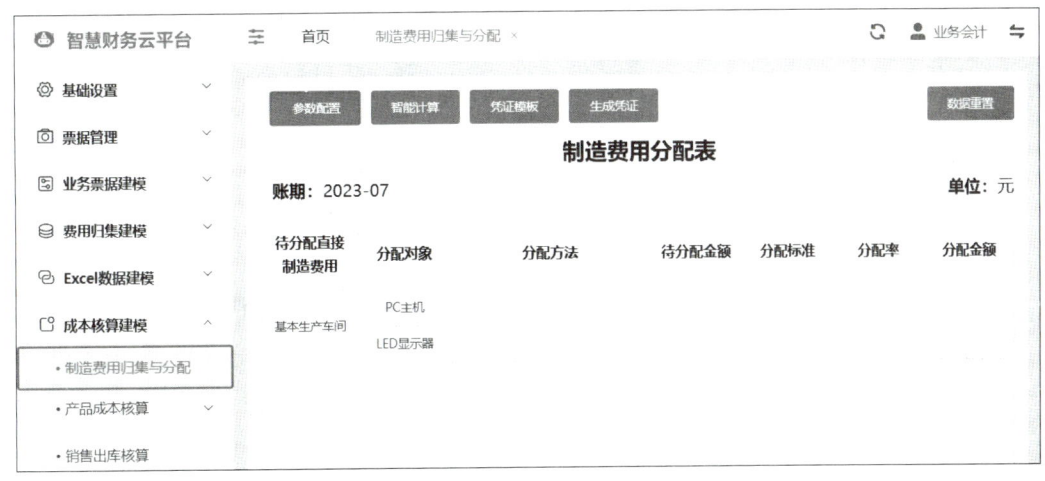

图 10-1 点击"参数配置"

2. 智能计算

点击"智能计算",系统根据参数设置的分配标准计算出分配率和分配金额(图 10-3)。

3. 凭证模板

点击"凭证模板",根据"制造费用分配表"信息设置凭证模板(图 10-4 和图 10-5)。

图10-2 设置制造费用分配参数

图10-3 智能计算

图10-4 点击"凭证模板"

4. 生成凭证

点击生成凭证,系统将智能生成记账凭证(图10-6)。

凭证模板

分录设置

操作	摘要	科目	方向	取值对象
⊕⊖	制造费用分配	5001010103 生产成本-基本生产成本-PC主机-制造费用	借	PC主机
⊕⊖	制造费用分配	5001010203 生产成本-基本生产成本-LED显示器-制造费用	借	LED显示器
⊕⊖	制造费用分配	510101 制造费用-材料费	贷	基本生产车间
⊕⊖	制造费用分配	510102 制造费用-水电费	贷	基本生产车间
⊕⊖	制造费用分配	510103 制造费用-折旧费	贷	基本生产车间
⊕⊖	制造费用分配	510104 制造费用-人工费	贷	基本生产车间
⊕⊖	制造费用分配	510105 制造费用-福利费	贷	基本生产车间
⊕⊖	制造费用分配	510106 制造费用-工会经费	贷	基本生产车间
⊕⊖	制造费用分配	510107 制造费用-办公费	贷	基本生产车间
⊕⊖	制造费用分配	510108 制造费用-房租费	贷	基本生产车间
⊕⊖	制造费用分配	510109 制造费用-职工教育经费	贷	基本生产车间

制单人：赵旭

图 10-5 设置凭证模板

记账凭证

凭证字 记 136 号　　　　日期：2023-07-31　　　　附单据：0张

摘要	会计科目	借方金额	贷方金额
制造费用分配	5001010203 生产成本-基本生产成本-LED显示器-制造费用	14,951.39	
制造费用分配	5001010103 生产成本-基本生产成本-PC主机-制造费用	19,935.20	
制造费用分配	510102 制造费用-水电费		9,240.00
制造费用分配	510104 制造费用-人工费		7,691.43
制造费用分配	510103 制造费用-折旧费		9,579.16
制造费用分配	510106 制造费用-工会经费		1,056.00
制造费用分配	510108 制造费用-房租费		7,320.00
合计：叁万肆仟捌佰捌拾陆元伍角玖分		34,886.59	34,886.59

制单人：赵旭

图 10-6 记账凭证

任务 10.2 产品成本核算业务建模

活动 10.2.1 任务描述

【业务情景】

2023年7月,厦门铭鸿电子科技有限公司财务部对本月产品成本进行核算。

【业务要求】

根据案例企业财务工作规范,设置成本核算建模,依次进行参数配置、智能计算、凭证模板设置、生成凭证操作。

案例企业相关财务工作规范:月末结转完工产品成本,完工产品成本计算方法采用品种法,在产品与产成品的分配方法采用约当产量法,原材料在开始生产时一次投入,月末在产品的完工程度估计为50%(图10-7)。

约当产量计算表

单位:厦门铭鸿电子科技有限公司　　　　　　　　　　　　日期:7月31日

产品名称	项目	直接材料	直接人工	制造费用
PC主机	完工产品数量	604	604	604
	在产品约当量	104	52	52
	约当产量	708	656	656
LED显示器	完工产品数量	605	605	605
	在产品约当量	110	55	55
	约当产量	715	660	660

图10-7　约当产量计算表

活动 10.2.2 知识准备

想一想

产品成本核算方法有哪些?产品成本分配方法有哪些?

知识链接

产品成本计算方法主要有品种法、分批法、分步法等。

品种法是以产品的品种作为成本核算对象,归集和分配生产成本。品种法适用于单步骤、大量生产的企业,这种企业的产品生产过程通常不能从技术上划分为步骤。分批法是以产品的批别作为成本核算对象,主要适用于单件、小批量生产的企业。在分批法下,产品成本的计算与生产周期基本是一致的,与财务报告期不一致,因此在计算月末在产品成本时,一般不存在完工产品与在产品之间的成本分配问题。分步法是以产品生产过程中的各个加工步骤为成本核算对象,适用于大量大批、多步骤生产的企业。按照分步法进行成本核算,主要采用两种方式,平行结转分步法和逐步结转分步法。

每月月末,当月"生产成本"明细账中按照成本项目归集了本月生产成本以后,这些成本就是本月发生的生产成本,并不是本月完工产品的成本。计算本月完工产品成本,需要将本月发生的生产成本,加上月初在产品成本,然后再将其在本月完工产品和月末在产品之间进行分配,以求得本月完工产品成本。

完工产品、在产品成本之间的关系如下:

本月完工产品成本 = 本月发生生产成本 + 月初在产品成本 − 月末在产品成本

常见的费用分配方法有:约当产量比例法、不计算在产品成本法、在产品按固定成本计价法、在产品按所耗直接材料成本计价法、在产品按定额成本计价法、定额比例法等。

活动 10.2.3 任务操作

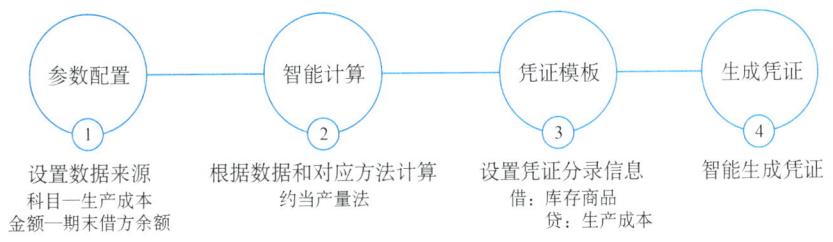

1. 参数配置

(1) 基础参数设置。

点击【成本核算建模】—【产品成本核算】,点击【计算方法配置】,选择"品种法"(图10-8)。

(2) 品种法参数设置。

点击【成本核算建模】—【品种法】,能看到空白的"品种法产品成本分配表",点击"参数配置",设置产品成本分配参数(图10-9和图10-10)。

2. 智能计算

点击"智能计算",系统根据参数设置的分配标准计算出分配率和分配金额(图10-11)。

图 10-8　基础参数设置

图 10-9　点击"参数配置"

图 10-10　设置产品成本分配参数

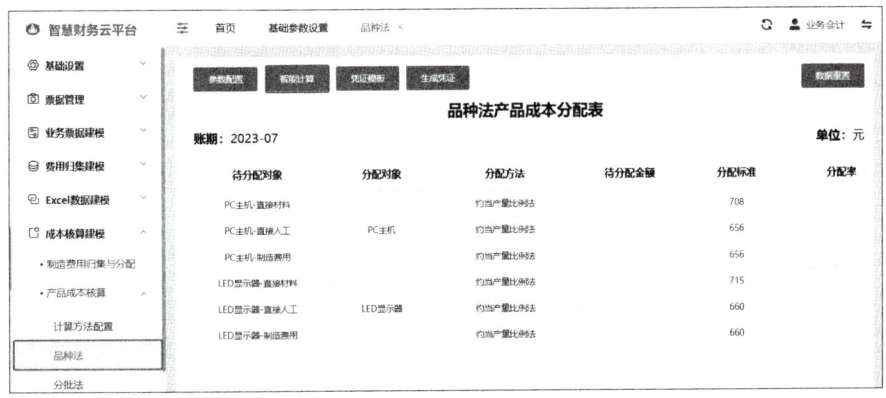

图 10-11　智能计算

3. 凭证模板

点击"凭证模板",根据"品种法产品成本分配表"信息设置凭证模板(图 10-12 和图 10-13)。

图 10-12　点击"凭证模板"

图 10-13　设置凭证模板

4. 生成凭证

点击"生成凭证",系统将智能生成记账凭证(图 10-14)。

摘要	会计科目	借方金额	贷方金额
品种法产品成本核算	140502 库存商品-LED显示器	421,622.08	
品种法产品成本核算	140501 库存商品-PC主机	1,099,805.65	
品种法产品成本核算	5001010102 生产成本-基本生产成本-PC主机-直接人工		47,275.50
品种法产品成本核算	5001010201 生产成本-基本生产成本-LED显示器-直接材料		376,772.58
品种法产品成本核算	5001010103 生产成本-基本生产成本-PC主机-制造费用		25,625.36
品种法产品成本核算	5001010202 生产成本-基本生产成本-LED显示器-直接人工		28,438.87
品种法产品成本核算	5001010203 生产成本-基本生产成本-LED显示器-制造费用		16,410.63
品种法产品成本核算	5001010101 生产成本-基本生产成本-PC主机-直接材料		1,026,904.79
合计: 壹佰伍拾贰万壹仟肆佰贰拾柒元柒角叁分		1,521,427.73	1,521,427.73

凭证字 记 137 号　　日期:2023-07-31　　附单据:0张
制单人:赵旭

图 10-14　记账凭证

任务 10.3　销售出库核算业务建模

活动 10.3.1　任务描述

【业务情景】

2023 年 7 月,厦门铭鸿电子科技有限公司财务部对本月销售成本进行核算。

【业务要求】

根据案例企业财务工作规范,设置成本核算建模,依次进行参数配置、智能计算、凭证模板设置、生成凭证操作。

案例企业相关财务工作规范:月末结转产品销售成本,成本计算方法采用月末一次加权平均法。

活动 10.3.2　知识准备

想一想

存货成本的核算方法有哪些?

模块 10　成本核算建模——案例实操

> **知识链接**
>
> 营业成本是指企业为生产产品、提供服务等发生的可归属于产品成本、服务成本等的费用。营业成本包括主营业务成本和其他业务成本。本节涉及的营业成本为主营业务成本。
>
> 企业应当设置"主营业务成本"账户，用于核算企业因销售商品、提供服务等日常活动而发生的实际成本，该账户按主营业务的种类进行明细核算。

活动 10.3.3　任务操作

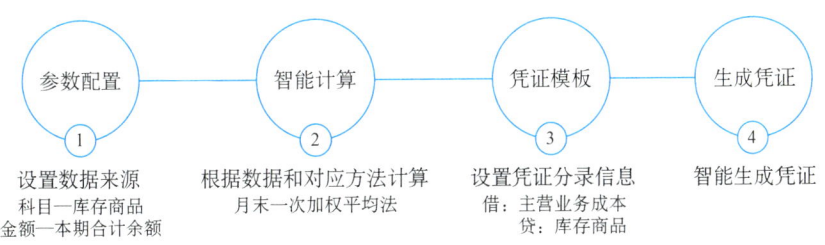

1. 参数配置

点击【成本核算建模】—【销售出库核算】，能看到空白的"销售出库成本计算表"，点击"参数配置"，设置销售出库核算参数（图 10-15 和图 10-16）。

图 10-15　点击"参数配置"

2. 智能计算

点击"智能计算"，系统根据参数设置的分配标准计算出分配率和分配金额（图 10-17）。

3. 凭证模板

点击"凭证模板"，根据"销售出库成本计算表"信息设置凭证模板（图 10-18 和图 10-19）。

图 10-16　设置销售出库核算参数

图 10-17　智能计算

图 10-18　点击"凭证模板"

模块 10 成本核算建模——案例实操 201

图 10-19 设置凭证模板

4. 生成凭证

点击生成凭证，系统将智能生成记账凭证（图 10-20）。

图 10-20 记账凭证

请依托财务机器人应用"1＋X"职业技能等级证书实训平台，完成下列练习。

1. 2024 年 4 月，厦门信德工业有限公司财务部对结转制造费用业务进行处理。

要求：根据厦门信德工业有限公司提供的企业背景、业务情景和业务票据相关信息，针对 2024 年 6 月发生的领用材料业务，在财务机器人云平台上建立 Excel 数据模型并上传自动生成记账凭证（分录合并方式：相同方向合并）。

2. 2024 年 7 月，厦门信德工业有限公司财务部对结转制造费用业务进行处理。

要求：根据厦门信德工业有限公司提供的企业背景、业务情景和业务票据相关信息，

二维码
10-1

二维码
10-2

针对2024年7月发生的结转制造费用业务,在财务机器人云平台上建立Excel数据模型并上传自动生成记账凭证(分录合并方式:不合并)。

3. 2024年11月,厦门信德工业有限公司财务部对结转制造费用业务进行处理。

要求:根据厦门信德工业有限公司提供的企业背景、业务情景和业务票据相关信息,针对2024年11月发生的结转制造费用业务,在财务机器人云平台上建立Excel数据模型并上传自动生成记账凭证(分录合并方式:相同方向合并)。

二维码
10-3

4. 2024年8月,厦门信德工业有限公司财务部对儿童自行车完工入库业务进行处理。

要求:根据厦门信德工业有限公司提供的企业背景、业务情景和业务票据相关信息,针对2024年8月发生的儿童自行车完工入库业务,在财务机器人云平台上建立Excel数据模型并上传自动生成记账凭证(分录合并方式:不合并)。

二维码
10-4

5. 2024年8月,厦门信德工业有限公司财务部对儿童平衡车完工入库业务进行处理。

要求:根据厦门信德工业有限公司提供的企业背景、业务情景和业务票据相关信息,针对2024年8月发生的儿童平衡车完工入库业务,在财务机器人云平台上建立Excel数据模型并上传自动生成记账凭证(分录合并方式:不合并)。

二维码
10-5

6. 2024年4月,厦门信德工业有限公司财务部对结转委托加工产品成本业务进行处理。

要求:根据厦门信德工业有限公司提供的企业背景、业务情景和业务票据相关信息,针对2024年4月发生的结转委托加工产品成本业务,在财务机器人云平台上建立Excel数据模型并上传自动生成记账凭证(分录合并方式:不合并)。

二维码
10-6

7. 2024年12月,厦门信德工业有限公司财务部对完工产品入库业务进行业务处理。

要求:根据厦门信德工业有限公司提供的企业背景、业务情景和业务票据相关信息,针对2024年12月发生的完工产品入库业务,在财务机器人云平台上建立Excel数据模型并上传自动生成记账凭证(分录合并方式:不合并)。

二维码
10-7

8. 2024年10月,厦门信德工业有限公司财务部对结转委托加工产品成本业务进行处理。

要求:根据厦门信德工业有限公司提供的企业背景、业务情景和业务票据相关信息,针对2024年10月发生的结转委托加工产品成本业务,在财务机器人云平台上建立Excel数据模型并上传自动生成记账凭证(分录合并方式:不合并)。

二维码
10-8

9. 2024年08月,厦门信德工业有限公司财务部对结转营业成本业务进行处理。

要求:根据厦门信德工业有限公司提供的企业背景、业务情景和业务票据相关信息,针对2024年8月发生的结转营业成本业务,在财务机器人云平台上建立Excel数据模型并上传自动生成记账凭证(分录合并方式:不合并)。

二维码
10-9

10. 2024年9月,徐州佳和美商贸有限公司财务部对结转产品营业成本业务进行处理。

要求:根据徐州佳和美商贸有限公司提供的企业背景、业务情景和业务票据相关信息,针对2024年9月发生的结转产品营业成本业务,在财务机器人云平台上建立Excel数据模型并上传自动生成记账凭证(分录合并方式:不合并)。

二维码
10-10